テレワークを最
50のテクニック する

おうち仕事術

戸田 覚
Toda Satoru

SE
SHOEISHA

本書内容に関するお問い合わせについて

このたびは翔泳社の書籍をお買い上げいただき、誠にありがとうございます。弊社では、読者の皆様からのお問い合わせに適切に対応させていただくため、以下のガイドラインへのご協力をお願い致しております。下記項目をお読みいただき、手順に従ってお問い合わせください。

●ご質問される前に

弊社Webサイトの「正誤表」をご参照ください。これまでに判明した正誤や追加情報を掲載しています。

正誤表　https://www.shoeisha.co.jp/book/errata/

●ご質問方法

弊社Webサイトの「刊行物Q&A」をご利用ください。

刊行物Q&A　https://www.shoeisha.co.jp/book/qa/

インターネットをご利用でない場合は、FAXまたは郵便にて、下記"翔泳社 愛読者サービスセンター"までお問い合わせください。
電話でのご質問は、お受けしておりません。

●回答について

回答は、ご質問いただいた手段によってご返事申し上げます。ご質問の内容によっては、回答に数日ないしはそれ以上の期間を要する場合があります。

●ご質問に際してのご注意

本書の対象を越えるもの、記述個所を特定されないもの、また読者固有の環境に起因するご質問等にはお答えできませんので、予めご了承ください。

●郵便物送付先およびFAX番号

送付先住所　　〒160-0006　東京都新宿区舟町5
FAX番号　　　03-5362-3818
宛先　　　　　（株）翔泳社 愛読者サービスセンター

はじめに

在宅勤務が一気に普及
戸惑っている方、伸びていきたい方をアシストします

　本書は、**自宅で働く環境やマインドを向上させること**を目的に執筆しました。

　新型コロナウイルスの影響によって、一気にテレワーク（在宅勤務）が普及しました。これまで、盛んに改革を推進してきたのに、さほど進まなかった働き方の変化が、ウイルスによってもたらされたのは皮肉です。とはいえ、在宅勤務はとても快適で効率的です。

　著者（以下「僕」と記載します）の事務所では、30年以上前から在宅勤務を実施しています。出版関連の業種なので在宅勤務がしやすかったのも大きな理由ですが、効率を重視してこのような体制にしたのです。働いているメンバーで、在宅勤務可能な職種の全員が「在宅勤務ができて嬉しい」と口にします。対象メンバーは在宅勤務と出社勤務いずれかを選択できますが、これまでに働いた全員が在宅勤務を選んでいます。

　働く側は、通勤の必要がないので楽で効率的ですし、職種によっては時間がある程度自由に使えます。

　企業側にとっても、社屋の面積が小さくて済むのはとても大きなコストダウンです。また、従業員の満足度が向上するのも素晴らしい仕組みです。両者がまさにWin - Winなのです。

●おうちで仕事の課題

　ところが、よいことばかりでもありません。僕の会社でも30年以上の在宅勤務で多くの課題が生じてきました。最も多い課題は、自己管理です。朝起きられない、ダラダラと仕事をしてしまう——といった、基本的なことができない人が、少なからずいます。もちろん、会社に通勤していても正しく勤務できない人も存在します。しかし、会社に通っていればきちんと働けた人が、自宅作業だとだらしなくなってしまうケースがあるのです。

　僕の会社では、在宅勤務できちんと働けない人は出社する仕組みを採用しました。これによって、ある程度課題は解決しています。

　とはいえ、本書では、雇用する側ではなく、**私たち働く側からの工夫を紹介**しています。上司から「そんな仕事ぶりでは、在宅勤務は無理だ」と言われる前に、自分できちんとした仕事ぶりになるように考えていきましょう。また、そのお手伝いをしたいと思って執筆しました。

　他にも多くの課題があります。家が狭いのに家族がいて、仕事がしづらかったり、働く場所を確保できなかったりするケースも少なくないでしょう。こんな課題は、**パソコンやスマホなどのツールをうまく活用して、解決してみましょう**。必ず、「今よりよくなる」方法があるはずです。

在宅勤務に強く求められること

　急遽在宅勤務が求められたり、新入社員なのにいきなり在宅勤務になってしまう人も少なくありません。

　パソコンをあまり使ってこなかった人も少なくないでしょう。これまでは、気になることがあれば同僚に声を掛けていました。目の前にいたので、「来週の商談の資料はできましたか？」などと、聞けばよかったのです。ま

た、ちょっとした課題があれば、会議を招集して話し合っていました。

　ところが、在宅勤務になると、目の前に同僚はいません。ちょっとしたことを聞く際にも、電話を掛けるのは好ましくありません。明確には決まっていないはずですが、ほぼルール違反になります。在宅勤務では、ちょっとした情報のやりとりはビジネスチャットを使うのが一般的です。また、会議もWeb会議へとスタイルが変わりました。

　ITの力によって、在宅勤務が効率的にできる環境が、すでに整っていたのです。しかし、これまではメールを使う程度で、うまく仕事を済ませてきた人も少なくないはず。そんな方は、いきなりさまざまなツールを使うことに戸惑っているでしょう。しかも、顧客の都合に合わせて新しいツールを使う必要に迫られることもあります。

　こんな方のためにも、**各種ツールの選び方や基本的な使い方**、さらに最も重要な、**上手に使うための方法**も紹介していきます。

在宅勤務が重要スキルになる

　今後は、在宅勤務を採用する会社が間違いなく増えていきます。従来の「仕事ができる人」とは、うまく話ができたり、会議を闊達（かったつ）に運営できたりといった素養が少なくありませんでした。

　これからは、「仕事ができる」という定義に、**在宅勤務のうまさが大きなウェートを占めるはず**です。人と会って説得力を持って上手に話ができる人のスキルが以前ほど求められなくなります。代わりに、ビジネスチャットで素早く的確な返事ができる人が重宝がられます。そんな人こそ、一緒に働くと周囲の人から感謝され、頼りにされるのです。

　そんな人になるために、在宅勤務でもできる人を目指せるヒントが満載の１冊をお届けします。

CONTENTS

CHAPTER 3 Web会議を使いこなす

CHAPTER

6

自宅でもやる気が出る！モチベーションの保ち方

CHAPTER 7 より快適に作業するために そろえたいモノ

123

■会員特典データのご案内

本書の読者特典として、「特別音声ファイル」をご提供致します。

会員特典データは、以下のサイトからダウンロードして入手いただけます。

https://www.shoeisha.co.jp/book/present/9784798167886

※会員特典データのファイルは圧縮されています。ダウンロードしたファイルをダブルクリックすると、ファイルが解凍され、利用いただけます。

●注意

※会員特典データのダウンロードには、SHOEISHA iD（翔泳社が運営する無料の会員制度）への会員登録が必要です。詳しくは、Webサイトをご覧ください。

※会員特典データに関する権利は著者および株式会社翔泳社が所有しています。許可なく配布したり、Webサイトに転載したりすることはできません。

※会員特典データの提供は予告なく終了することがあります。あらかじめご了承ください。

●免責事項

※会員特典データの提供にあたっては正確な記述につとめましたが、著者や出版社などのいずれも、その内容に対してなんらかの保証をするものではなく、内容やサンプルに基づくいかなる運用結果に関してもいっさいの責任を負いません。

※会員特典データに記載されている会社名、製品名はそれぞれ各社の商標および登録商標です。

おうちで仕事をする
準備と心構え

自宅で仕事を
するということ

　2020年春に、新型コロナウイルスがパンデミックを起こし、外出や移動の自粛を余儀なくされました。その結果、自宅で仕事をする人が一気に増えていきました。

　自宅での仕事は「テレワーク」と呼ばれ、実はもう10年以上前から推奨されてきました。「働き方改革」でも大いにプッシュされていたのですが、あまり広がりを見せませんでした。実は、東日本大震災の折りにも、通勤ができなくなり、自宅勤務が広く行われたにもかかわらず、普及しなかったのです。

　しかし、新型コロナウイルスの影響は甚大で、自粛期間が長かったことから、在宅勤務が一気に普及しています。東京都では、従業員が30人以上の企業で、62.7％が導入しています（2020年5月のデータ。東京都の発表）。オフィスを半減すると宣言した富士通をはじめ、多くの企業がテレワークへの移行を宣言しています。

テレワークは普及する

　この流れが、アフターコロナでも継続することは想像に難くありません。働き手は苦しい思いをして満員電車に乗らなければならない通勤から解放されます。企業はフリーアドレス（スタッフが利用する机を決めない、図書館のように自由に机やテーブルを使う）と組み合わせることで、会社の面積を小さくでき、家賃負担が減ります。また、交通費も削減できるなど、いいこ

とずくめだからです。

　もちろん、自粛期間のように家に閉じこもっているわけではなく、週に3日テレワークをする——といったスタイルが多くなるでしょう。今後は、**「おうちでお仕事」が当たり前になる**のです。

　僕の事務所は、30年以上前から在宅勤務を導入しています。スタッフは多いときで十数名、本書執筆時点では7名です。多くのメンバーは自宅で仕事をし、基本的に週に一度顔を合わせるだけです。もちろん、業務内容によって毎日常駐しているスタッフもいます。

　テレワークが普及するほどに、実は結果が求められるようになります。一生懸命働いている様子は、上司にあまり伝わりません。手抜きをしていても、結果が出れば、高く評価されるでしょう。そもそも、テレワークとはそういうものだと考えるべきです。

　会社では、「ちょっと上司を手伝う」といったことが簡単にできました。しかし、自宅勤務ではそうはいかないのです。本章では自宅で効率的に仕事をするためのノウハウをまとめていきます。

家族の理解を
得られるようにしよう

　そもそも、自宅は仕事を想定した場所ではありません。書斎があるような広い家に住んでいる人は、あまり多くないでしょう。自分の部屋がない方も多いのではないでしょうか。

　僕は、昔から在宅勤務をしていたので、それを想定した家に住んでいます。しかし、若い頃は屋根裏にあったクローゼット的なスペースにエアコンを取り付けて、そこで仕事をしていました。

　多くの人が、自宅で仕事をするにあたって、スペースがないことに苦労しています。

　一人で住んでいる方は問題ありませんが、家族と同居しているなら、協力が欠かせません。自分で決めようとせずに必ず意見を求めながら仕事の場所を確保することです。

優先順位を付けて考える

　まず、**場所を確保できるか**考えてみましょう。それなりに広さがあるならクローゼットでもよいので、自分が仕事をするスペースが確保できるか家族と相談します。最小のスペースでは、イスと机さえ置ければどうにかなります。イケアやニトリで探せば、ちょっとしたテーブルとイスを買っても、1万円でおつりがきます。

　もちろん、そうしたものでさえ置き場所がない家庭も少なくないでしょう。

　では、次善の策として、**どこで仕事をすれば、家族の邪魔にならないのか**

を話し合います。この点は家庭によって変わってくるはずです。平日の昼間は誰もいない家なら大手を振ってリビングを使えます。しかし、お子さんが夕方には帰ってきてテレビを見るのなら、そこも考えなければなりません。具体的な解決策はこれから紹介していきますが、まず、「**自宅で仕事をしなければならない**」ことを家族に伝え、**そのための最善策を家族に決めてもらう**のです。

　一番邪魔にならない場所は、実は自分にとってもよい環境になります。寝室があるなら、そこに折りたたみのテーブルとイスを置くことをおすすめします。

おうちで仕事をするために家族と話し合うこと

仕事をする上での要望

- テーブルとイスを使いたい
- 近くに電源が必要
- 仕事関係のモノを収納するスペースが必要
- できれば、静かな環境で仕事をしたい
- インターネットの回線の確認（仕事中はヘビーな使い方をしないでほしい）

家族に確認すること

- おうちで仕事をすることについてどう思うか
- 使ってよい場所やテーブル
- 家族がいる時間帯や曜日
- 家族がインターネットを使う時間帯との切り分け
- 夫婦でおうち仕事になる可能性はあるか

机を置けるベッドでスペースを確保する

　仕事場を確保するのに最もおすすめなのは寝室です。寝室は寝るための部屋なので、起きている間は使われていません。だから仕事をしていても邪魔

イケアのヴィトヴァルというベッド
は価格も手ごろでおすすめ。
出典：イケアHP
URL https://www.ikea.com/jp/ja/
p/vitval-loft-bed-frame-with-
desk-top-white-light-
grey-s89303937/

になりにくいのです。

　イケアなどに行くと、子供部屋に適した机を置けるベッドがいくつか販売
されています。これを利用すれば、ベッドの下に作業スペースが確保できま
す。

　もちろん、大人が使っても特に狭く感じることはありません。ベッドの上
の空間が空いているなら、こんなベッドを使うのもおすすめです。

　今回紹介するイケアのヴィトヴァルというベッドは2万4,990円です。子
供部屋用なので価格も手ごろなのです。

　寝室をうまく活用すると、リビングで仕事をする必要がなくなります。リ
ビングのテーブルでは、子供が食事をしていたり、テレビを見たりしていま
す。それを邪魔せずに仕事ができるわけです。

おうちが難しければ
外でも仕事をする

　家の中に仕事をできる場所を確保できないなら、**都合に合わせて移動しながら仕事をする作戦**を考えてみましょう。ノートパソコンと折りたたみのテーブルとイスがあれば、どこでも仕事はできます。家族がいないときにはリビングを使い、家族がいるなら玄関や脱衣所などで仕事をすればいいのです。自分がよい場所に陣取って家族をどかすのではなく、自らが移動するのが一番の解決策です。

　この方法も、実は案外悪くありません。季候のよい日はベランダで仕事をすると楽しいものです。冬場は浴室で仕事をすると意外に寒くありません。

　ただし、床に座ったり、ベッドに寝転がったまま仕事をするのはおすすめしません。姿勢が悪いために体への負担が大きく、腰痛などになりがちです。

外出先の確保

　仕事だからといって、家族に負担を掛けたり制約を強くしたりすると理解は得られません。基本的には半々と考えるのがいいでしょう。たとえば、子供の友達が毎日遊びに来るなら、1日おきにしてもらいます。自分は1日おきに外で仕事をするわけです。

　おうちでの仕事ができるとしても、**外で作業する方法を考えて確保しておきましょう**。短時間ならカフェやファストフード店がおすすめです。ただし、お店に対しても申し訳ないので1時間以上粘るのは好ましくありません。

　長時間になるならカラオケボックスがおすすめです。もちろん、費用は掛

かりますが、平日の昼間ならお得な価格で利用できます。Web会議はできませんが、作業をするだけなら図書館も選択肢のひとつです。家の周囲の仕事場所を把握しておくことで、対応しやすくなります。

将来は引っ越しも考える

　こちらも家族の同意が必要になりますが、これからずっと在宅勤務をするのなら、将来的には引っ越しを考えてはいかがでしょう。そもそも通勤が減るのなら、駅から遠くてもかまわないはずです。2020年7月には、東京都の人口がはじめて転出超過になりました。これもテレワークの普及からです。お子さんが高校生以上だったり、私立の小中学校に通っていたりするのなら、通学の問題も解決しやすいはずです。

　少し駅から離れていたり、都心から距離のあるエリアでもよければ、今と同じ家賃で、かなり広い家が借りられるはずです。もちろん、自宅を購入している方には難しいかもしれません。しかし、現在住んでいる家を賃貸に出し、在宅勤務向きの家を借りる手もあります。仕事をするだけなら、畳1～2枚のスペースがあればこと足ります。

　今まで、日中は家に誰もいませんでした。しかし、夫・妻どちらか、もしくは二人とも在宅勤務の可能性もあります。これからは、住宅選びの基準も少し変わってくるはずです。

家庭と仕事の
線引きを明確にする

　おうちで仕事をするなら、決めておきたいことがあります。まず、僕のようなフリーランス的な仕事をしている人は、いつでも連絡が付くのが普通です。土日も夜も朝も関係ありません。仕事をいただいたら、納品を済ませるまでが役目です。

　僕の会社は、原稿を書いたり編集したりするのが仕事ですから、在宅勤務でも時間の決まりはありません。作業さえ終われば、平日に休んで土日に働いていてもかまわないのです。深夜に仕事をして、昼間は遊んでいても問題ありません。

　しかし、だからこそいつでも連絡が付くのが前提になります。もちろん、数時間程度なら連絡が付かなくても特に困ることはありません。しかし、半日以上連絡が付かないのは論外です。出張や旅行などに出掛ける場合には、必ずその旨を他のメンバーに伝えるのがルールになっています。

　実は、これが在宅勤務としては、理想に近い姿です。いわゆる成果報酬に近い考え方です。

時間が決まっているなら明確に

　しかし、日本では在宅勤務が普及したばかりなので、成果報酬的な考え方をしていない会社が多くあります。在宅で仕事をしているのに、さまざまなツールを導入して時間を縛ろうとします。たとえば、9時から17時までパソコンにログインしているというのが条件になっていたりするわけです。

はっきりいって、この考え方は古すぎますが、会社がそう決めているなら従うしかありません。もちろん、数年後にはそんな企業は少なくなるはずです。ただ、職種によっては時間を縛らざるを得ないケースもあります。たとえば、在宅でコールセンターの仕事をするなら、当然シフト制で働くことになります。

　仕事をするべき時間が決まっているなら、家族にもきちんとそれを伝え、その間は邪魔にならないようにしてほしいと宣言する必要があります。 そもそも、仕事をすることを考慮せずに住んでいる家を使うわけですから、「仕事だから邪魔をするな」と上から目線になるとうまくいきません。「会社との契約で、9時から17時まではパソコンの前を離れにくい。宅配便などもなるべく受け取りたくないのでよろしく」と伝えるべきなのです。

　ただし、このケースでは、仕事の時間が終わったら、きっちりと作業を終了させるべきです。土日に仕事をするのはよろしくありません。これは、家族やあなたにとってよくないだけでなく、会社にとってもマイナスです。社員がそういう働き方をすると、甘えてしまい成果報酬の導入が遅れます。自宅で働くなら成果報酬にしてほしい――と声を上げていきましょう。

CHAPTER 1

仕事用のモノの場所を確保する

　自宅で仕事をするにあたって、最低限必要なモノを考えましょう。モノはどんどん増えていきますが、できる限り最低限の所有にとどめるべきです。そのノウハウは後述します。

　自分の仕事部屋を確保できないなら、ぜひこの節を参考にしてください。最初に決めておきたいのは、**置き場所**です。パソコンとACアダプター、マウスに書類などは当然必要になるでしょう。それらをおうちの適当な場所にしまったり置いたりするとトラブルのもとになります。たとえば、書類が新聞やDMと混ざってしまい、いつのまにか捨てられてしまうかもしれません。テーブルの上に置きっぱなしにして、子供がこぼしたジュースで使えなくなることもあります。僕も昔、机の上に置いておいたノートパソコンに、子供が投げたおもちゃが当たって落下し、故障したことがあります。

仕事の道具もオンとオフを明確に

　仕事の道具に関しても、**オンとオフを明確に**します。仕事をするときに道具を出し、仕事が終わったら片付けるのです。これによって、自分自身のモードを切り替えることができます。

　また、家族も、「仕事をしているな」とわかるわけです。その日の仕事が終わったら、翌日また作業をするとしても、一度は片付けるようにします。こうすることで、仕事に使う道具や書類が増えていくのも防げます。量が増えると片付けるのが大変になるので、ミニマムにしたくなるわけです。

仕事の道具は1カ所にまとめられる
ようにしましょう。書類はケースに
入れ、パソコンなどもスッキリまと
めましょう。

　その収納場所を家族と相談して決めましょう。子供にもそこは仕事のスペ
ースだから触らないように伝えます。きちんと場所が決まっていれば、しま
い忘れた書類なども、家族がそこに置いてくれるでしょう。

　収納場所はちょっとしたスペースがあれば十分です。書類などはケースに
入れることをおすすめします。普段旅行に使っているスーツケースを一時的
な収納スペースとして流用してもかまいません。

常に連絡が付く人が
選ばれていく

　僕の会社が30年ほどテレワークを続けていることは、すでにお話ししました。また、知人の会社でもテレワークを実施しているところは少なくありません。IT系やWeb制作の小さな会社から、実はテレワークは進んでいたのです。

　さて、同じようにテレワークを長く続けている企業の経営者に話を聞くと、「**連絡が付くことが重要だ**」と口をそろえていいます。これには、僕も大いに賛同します。会社で仕事をしているときには、目の前に大勢の人がいます。上司でも同僚や部下でもかまいませんが、とにかくそこに人がいることがわかるわけです。

　ですから、そこにいる人に対して、たとえば「展示会は8月1日に決まりましたか？」などと、気軽に話しかけて情報を聞くことができます。

　ところが、テレワークではどうでしょう。自分が忘れてしまった展示会の期日を、全員宛てに聞くのはちょっと恥ずかしいのです。そこで、誰かにダイレクトでメッセージを送ったり、電話を掛けたりします。

　ところが、なかなか連絡が付かないととても面倒な思いをします。もちろん、重要な連絡も同様です。

連絡が付く人が重宝がられる

　仕事ができるけれど、なかなか連絡が付かない部下と、そこまで仕事はできないものの、すぐ連絡が付く部下とでは、実は後者のほうが評価されるケ

ースが多いのです。

　考えてみてください。連絡をする際に、何度も何度も電話をしたり、メールを送ったりしても返事がなかなか返ってこないと、急ぎの用件を伝えようとしている人は、イライラします。1時間、2時間と連絡し続けるケースもあるでしょう。

　連絡の付かない部下から、「すみません、スマホの電源が切れていて……」とおわびされても、連絡した側は納得できません。

　まず、これまでとは考え方を変えましょう。あなたは自宅にいても仕事をしているのです。うっかりして連絡が付かないとしても、それは仕事をしていないのと同じになります。もちろん、他の人と電話をしていた──など適正な理由があるときには問題ありません。

　結局、いつでも連絡が付く、素早く返信してくれる人が重宝がられるのです。会社にいれば、仕事ができない部下を管理するのも簡単です。「見積書を出してくれましたか」と声を掛ければ、「忘れていました。すぐ処理します」と返答がきます。しかし、見積書提出の確認だけで、なかなか返事がこず、何度も連絡をする必要性に迫られる上司や同僚の気持ちを考えてください。連絡が付きづらい人は、仕事のできない人なのです。

朝でも夜でも連絡が付くように

　会社によってルールは異なりますが、テレワークの時間がきっちり決まっているなら、その時間だけ連絡が付けばよいという考え方もあるでしょう。

　しかし、会社に出勤しているときに、時間外の電話がきたらあなたは出ませんでしたか。そうはいかないのが実情ですし、仕事をスムーズに進めたいなら電話に出るべきです。

オンとオフをはっきりしようと書きましたが、連絡については対象外と考えたほうがいいでしょう。会社でも、トラブルがあれば急遽残業します。ところが、17時を過ぎたら一切連絡が付かないようでは、仕事にならないのです。メールやビジネスチャットの使い方は後述しますが、これらのツールを使いこなすと、負担なく連絡が付くようになります。

急ぎの連絡のために
通知を活用しよう

　急ぎの連絡が付くようにするためには、「うっかり忘れ」を防止するのが重要です。そのためには通知の利用がおすすめです。

　電話やビジネスチャット、メールなどの通知がいつでもわかるようにします。方法は簡単で、スマホを使うだけです。スマホの通知で、すべての連絡手段からの通知がくるようにしましょう。

　パソコンでも、通知は利用できます。Slackなどはパソコンの通知を使っている方も少なくありません。もちろん、それで負担がないなら反対はしません。しかし、パソコンの通知は、トイレに行っていたり、コンビニに買い物に出掛けていたりすると使えません。結局、最も使いやすいスマホの通知をマストで利用することになります。

　スマホなら、いつでもどこでも通知が利用できます。ちょっとした買い物

スマホの通知を活用。スタンドに立てておくのがコツ（スタンドについては後述）。

アップルウォッチで通知を確認できます。

やトイレにも持ち込んで通知を確認できます。

さらに便利に活用したいなら、アップルウォッチなどのスマートウォッチがおすすめです。腕に着けておくと、振動や音で通知を知らせてくれます。スマホのように、別のところに置いていたために通知を忘れることがありません。

通知はスマホ、パソコンともに、設定メニューからオンにできます。必要なアプリだけオンにしておくと見落としが少なくなります。画面はiPhoneの設定です。

仕事の効率を
最大化する
パソコンの選び方

モバイルノートを選ぶべきか よく考えて選ぼう

　おうちでの仕事のために、新しくパソコンを手に入れたり、買い換えたりする方も少なくないでしょう。僕の運営しているYouTubeのチャンネルでも在宅勤務向けのパソコンの選び方について、数多くのご相談をいただいています。

　最近の流行もあって、多くの方が12 〜 13インチクラスのモバイルノートを選ぼうとしています。もちろん、十分に自宅で利用できますが、最適とはいえません。長時間利用していると、疲れてくる可能性があります。

　13インチのモバイルノートは、持ち歩きのために小型化、軽量化されているのです。これは、MacBook AirやMacBook Pro（13インチモデル）でも同様です。なお、外付けのモニターやキーボードを使う方法は後述します。

使いやすい15インチモデル

　15インチのパソコンは机の上で場所を取りますが、画面が大きくキーボードサイズにも余裕があるので長時間使うのに向いています。また、テンキーが付いている製品が多く、Excelが使いやすいのもメリットのひとつです。

　しかし、持ち歩くことはできないので、会社と自宅を週に1 〜 2回でも往き来するなら、サイズが大きすぎます。

●いいところ取りの14インチモデル

　自宅でも少しでも大きな画面と、余裕のあるキーボードサイズで使いやす

HP の Dragonfly は、小型軽量のモバイルノート。

15.6インチの大画面モデルはメインマシンとして使いやすい。写真は、dynabook Cシリーズ。

く、また、会社への往復でも負担になりにくいのが、**14インチモデル**です。最近流行しているサイズで、選択肢も増えています。

　僕も14インチのパソコンを数台使っていますが、13インチに比べると画面が広いのが嬉しいポイントです。ブラウザーとメールなど複数のウィンドウを開いて使う際には、13インチではちょっと厳しいと感じる人が多いでしょう。

　なお、解像度の設定が同じなら、14インチのほうが、やや文字が大きくなるので、遠視ぎみの方にも向いています。

MacBookは仕事に向くか？

　在宅勤務向けのパソコンとして、MacBookを選択する方も少なくありません。会社で買ってもらえる可能性は少ないのですが、自分で購入するならどの機種を選んでもいいのです。会社で支給されたパソコンが使いづらいからもう1台手に入れようとしている方で、MacBookを考えているという声も耳にします。

　デザイン系などの仕事なら、MacBookを選ぶのもよいでしょう。僕がい

左は15.6インチのdynabook Z。右は14インチのThinkPad X1 Carbon。サイズの差は数値以上に感じるはず。14インチなら持ち歩けます。

MacBookは仕事には不向き。

うまでもなく、そのような職種の方は、無条件で選択するでしょう。しか
し、一般的な事務作業や営業職の方には、残念ながらMacBookはおすすめ
できません。業務用アプリが使えなかったり、メールに添付したファイルが
文字化けしたりする可能性があるからです。仕事で使うパソコンは、見た目
やデザインよりも機能や性能、互換性を重視しましょう。「Macでも問題な
い」と確信できないなら、Windowsを選ぶことをおすすめします。

おうち用のパソコンを買う 予算と上手な選び方

　おうちで仕事をするためのパソコンの選び方を紹介します。会社の経費で購入するとしても、決められた予算内なら好きな機種を選べる場合には参考にしてください。

　大前提として、**やや高めの製品を購入して長く使うか、とにかく予算を抑えて安く購入するか**を考えてください。今や、安価なパソコンなら6～7万円出せば手に入ります。一方で、高価なパソコンは30万円近くします。

　では、高いパソコンと安いパソコンでは、何が違うのでしょうか。一部の例外を除くと、高価なパソコンほど処理速度がアップし、ファイルもたくさん保存できます。つまり、安価なパソコンほど、性能に対する不満を覚えるタイミングが早くなります。1年も経たずに処理が遅いと感じる可能性があるのです。

　安価なパソコンは、実は、長い期間使えないだけでなく、購入してすぐの状態でもレスポンスが違います。高性能なモデルほど、処理が速いのです。簡単にいってしまうと、20万円近いパソコンを買って6年使えたとしましょう。10万円のパソコンが3年使えるとしても、最初の3年分の快適さも違う

	1年目	2年目	3年目	4年目	5年目	6年目
20万円のパソコン	超快適	快適	快適	やや快適	普通	そろそろ遅く感じる
10万円のパソコン	やや快適	普通	そろそろ遅く感じる			

わけです。

　つまり、10万円のパソコンを3年ごとに買い換えるより、20万円のパソコンを6年使ったほうが快適な期間が長くなります。

スペックの選び方

　パソコンのスペックの選び方を紹介します。なお、この情報は、本書執筆時点（2020年8月）のものですが、2021年の春あたりまでは変わらないと予想されます。

●CPU

　おすすめは、Core i5以上です。Core i5かCore i7を推奨します。コスパを考えると、Core i5のバランスがよいでしょう。

　なお、CPUの型番に気を付けてください。これから買うなら、なるべく第10世代をおすすめします。最近は、高性能で割安なAMD製のRyzenも人気があります。Ryzen 7、Ryzen 5は十分な性能です。

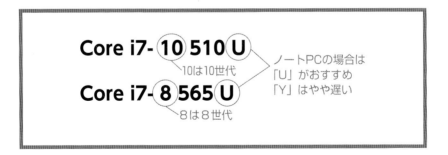

●SSD、ハードディスクドライブ

　少し前まで、パソコンのファイルはハードディスクドライブ（以下HDD）

に保存するのが一般的でした。しかし最近は、SSDが広く普及しています。HDDよりもファイルの読み書きが速いので快適に利用できます。

　これからパソコンを買うなら、必ずSSDを選びましょう。なお、SSDにも種類があり、SATA接続はやや遅く、NVMeは高速になります。できるなら後者を選ぶことをおすすめします。

　なお、気になる容量は最低でも256GB、できれば512GB以上がおすすめです。後述しますが、ファイルをクラウドストレージに保存することで容量は節約できます。

●ディスプレイサイズ

　いわゆる画面サイズのことです。よくわからない方には、前述のように14インチモデルをおすすめします。持ち歩きが多いなら13インチ、まったく移動しないなら15インチ以上、もしくは、デスクトップを推奨します。

　なお、ディスプレイのサイズはテレビと同じで対角線の距離をインチで示した値です。

●拡張性

　拡張性とは、パソコンが搭載しているコネクターの数や種類を指します。必ずHDMI端子を搭載している製品を選びましょう。USB端子は多いほど拡張性が高くなりますが、2〜3つあれば十分です。

　なお、これから買うならなるべくWi-Fi 6に対応した製品がおすすめです。また、モバイルするならLTEを内蔵できるモデルも魅力的です。

●バッテリー駆動時間・充電

　自宅で利用し、まったく持ち出さないならバッテリー駆動時間を気にする必要はありません。ずっと、ACアダプターをつないで使えばOKです。

写真は Let's Note SV。左右に多くの端子を搭載しています。

外に持ち出して使うなら、最低でも10時間は駆動するモデルを選ぶように
しましょう。駆動時間は長ければ長いほど便利です。

家の中で移動しながら使う際にも、駆動時間は長いほうが便利です。

なお、充電の方式については後述します。

●2in1もおすすめ

ディスプレイを回転できる2in1モデルも種類が増えてきました。登場当初

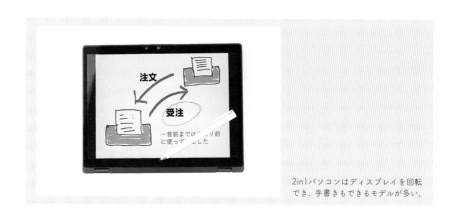

2in1パソコンはディスプレイを回転
でき、手書きもできるモデルが多い。

の2in1モデルは完成度がイマイチで、重量が重すぎるなどの課題がありました。しかし、最近は使い勝手が向上し、とても使いやすくなっています。

　ただし、2in1パソコンは、一般的なクラムシェル（通常のノートパソコン）に比べると、価格が高くなりがちです。迷ったらクラムシェルを選べばよいでしょう。

　2in1パソコンは、手書きができるのが大きなメリットです。プレゼンに使うことが多いなら2in1をおすすめします。

パソコン購入時のチェックポイント

CPU

- 高いほうがいいが高価になる。Core i5かCore i7がおすすめ
- 予算が限られるならAMDのRyzen搭載モデルのほうが快適（詳しくは後述）

ストレージ

SSDがおすすめで、256GB以上、できれば512GB以上を推奨

ディスプレイ

14インチ以上が使いやすいが、持ち歩き重視なら13インチクラス

拡張性

- 端子は多いほど使いやすい
- USB端子が3つ以上、HDMI端子（後述）もほしい

バッテリー駆動時間

- 最低でも10時間は駆動すること
- USB PowerDeliveryで充電できるモデルが使いやすい（詳しくは後述）

充電の規格に
気を配って機器を選ぶ

　これからパソコンやスマホ、タブレットなどを買うなら、必ず**充電の規格をチェック**しましょう。

　最近は、USB PowerDelivery（以下USB PD）という規格が広く普及しています。パソコンだけでなく、スマホやタブレットにも対応しています。つまり、多くの機器で同じ充電器が利用できるわけです。

　この規格の普及によって、さまざまなデバイスの使い方が変わってきました。たとえば、外出先で利用する場合にも、充電器を1個持っていればこと足ります。

　また、会社と自宅の両方でパソコンを使いたい場合にも、対応する充電器を持ち歩く必要がありません。それぞれ用の充電器を購入して、置いておけばよいのです。USB PD対応の充電器は安価な製品が多く、2,000円程度から購入できます。しかも、パソコンに付いてくる充電器よりも小さなサイズの製品が手に入ります。

出力をチェックする

　基本的に、USB PD対応の充電器は、大は小を兼ねます。出力が60Wの充電器なら、入力が60Wのパソコンに充電できるほか、45Wのパソコンや18Wのスマホにも充電可能です。

　また、45Wの充電器で60Wのパソコンに充電できるケースもあります。この場合は、やや充電時間が長くなります。

対応機種なら、市販のUSB PD充電器でパソコンにも充電できます。

　自分が持っているパソコンやスマホに対応しているかどうかは、メーカーに問い合わせるなどして確認するしかありませんが、徐々に対応範囲は広くなっています。

　これからパソコンやスマホなどを買うなら、**USB PDに対応していること**を確認しておきましょう。

大画面モニターを 手に入れると一気に快適に

　自宅での仕事環境を少しでもよくしたいなら、**外付けモニターの利用**がおすすめです。ノートパソコンの内蔵モニターは、12 〜 16インチ程度です。サイズにすると、B5 〜 B4用紙程度の大きさになります。普段使い慣れている人ならば不便を感じないかもしれません。

　しかし、20インチを超える大画面モニターを接続すると、一気に作業性が向上します。

　24インチのモニターならA3用紙程度のサイズがあります。A4縦の書類をほぼ原寸大で開いて編集しても、画面が半分空くのです。

　27 〜 28インチのモニターならさらに画面は広く、A3よりも一回り大きなサイズで利用できます。

　Excelの表も広く表示できますし、複数のウィンドウを開いて作業するときの効率が桁違いに向上するのです。

外付けモニターの選び方

　外付けモニターは、置き場所があるなら利用を強くおすすめします。ノートパソコンがデスクトップ並みに使えるからです。予算が限られていたり、置き場所が広くないなら、21 〜 24インチのフルHDモデル（1920×1080ドット）を選択すればよいでしょう。1万円台前半から購入できます。税込みで1万4,000円程度でも何機種も選択できるので、おうちでの仕事の投資としては、最もコスパが高いと断言できます。

14インチのパソコンに27インチの外付けモニターを接続。大画面で快適に使えます。

置き場所が確保できるなら、27インチクラスがおすすめです。こちらは、2万円台後半から購入できます。

●置き場所がないならモバイルモニターを

仕事をするときだけ、リビングのテーブルにノートパソコンを置き、作業を終えたら撤収する——実際にはこんな使い方をしている人も多いでしょう。「大型モニターなど置けるはずがない」という人も少なくありません。

それでも、僕は外付けモニターを強くおすすめします。画面が広い作業性のよさは、一度体験すると戻れません。

どうしても置き場所がないなら、**モバイルモニター**を使う手があります。モバイルモニターとは、13〜15インチ程度の外付けモニターです。サイズ的には、ノートパソコンの画面が2つになるわけです。それでも、複数のウィンドウを開いて作業をする際の効率は大きく向上します。

モバイルモニターは、USB-Cケーブル1本で接続できる製品もあります。電源はパソコンから供給されるので、とても手軽です。しかも、500〜700

モバイルモニターでも画面が2倍に使えます。

サイズはパソコンとほぼ同じで、軽いので、使い終わったらサッとしまえます。

グラム程度と軽いので、使い終えたら簡単にしまっておけます。

　1万円台後半から買えますが、安心して使うためにも、聞いたことのあるメーカーの製品を選ぶとよいでしょう。価格は2万円台からが中心になります。また、パソコンとの接続もチェックしてください。パソコンのUSB-C端子が映像出力に対応していないと、つなげないケースがあります。そんなときにはHDMI端子でつなげる製品を選びます。

　モバイルモニターは、パソコン本体とモニターのつなぎ方のパターンが多いので、慎重に対応を見極めてください。

実はテレビにもつなげる
有効活用しよう

　パソコンは、**ご家庭のテレビにも接続して大画面で表示できます**。テレビにHDMI端子が付いていればOKです。最近のテレビならほとんどのものに付いているはずです。ご家庭のテレビにゲーム機などをつなげていれば、付いていると思って間違いありません。

　使い方は外付けモニターと同じで、パソコンとHDMIケーブルで接続すればOKです。テレビの大きな画面でパソコンのデスクトップが表示されるとちょっと感激します。

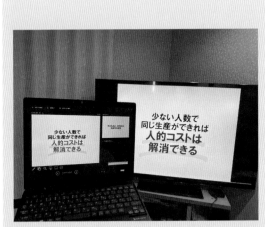

パソコンをテレビに接続すれば、簡単に大画面出力ができます。

HDMIケーブルは、1,000円程度で購入できます。使いやすい長さを選びましょう。

とはいえ、現実的にはテレビの前にテーブルとパソコンを置いて作業するのは難しいケースが多いでしょう。常用する外付けモニターとして使うというよりは、一時的に大画面が使えると考えるのが無難です。

　たとえば、写真や地図を大きな画面で見たり、プレゼンの練習に使ったりしてはいかがでしょうか。

　とにかく、簡単に出力できるので積極的に利用してください。テレビに接続したら、入力切り替えでHDMIを選べば、パソコンの画像が表示できるはずです。

CHAPTER 2

外付けキーボードで
疲れにくくなる

　ノートパソコンのキーボードは、相当妥協して設計されています。小型な
ノートパソコンほどキーボードが小さく、デスクトップ向けの外付けキーボ
ードに比べると打ちづらいのです。

　これは、本体を小さくするためには当然のことです。メーカー各社は、な
るべく小さくても打ちやすいキーボードを設計するために腐心しています。

　おうちで仕事をするなら、**外付けのキーボード**を利用することで、一気に
打ちやすくなります。

　まず、それぞれのキーボードの違いを把握しておきましょう。

	キーの大きさ	ストローク	配列	角度や位置
ノートパソコンの キーボード	17〜19ミリ	1〜2ミリ	窮屈	固定
外付けキーボード	19ミリ	2〜2.7ミリ	よい	自由

　キーの大きさは、「キーピッチ」と呼ばれるサイズで示します。英字キー
の隣り合った2つの中心距離の長さです。14インチ以下のモバイルノートで
は、キーピッチが狭い製品が多くなります。特に、13インチ以下は相当窮屈
な思いをして打たなければなりません。

「キーストローク」は、キーを押し下げられる深さです。ノートパソコンで
は、1〜2ミリ程度で、最近のモバイルノートは1.2〜1.5ミリが普通です。
この程度だと浅くて、打ちづらくなります。モバイルノートパソコンでも、

手前の外付けキーボードは、ノート
パソコン内蔵キーボードより格段に
打ちやすい。

Let's Noteシリーズは例外を除いて2ミリ以上を確保しています。

外付けキーボードは、2〜2.7ミリ程度の製品が多く、これが打ちやすさにつながります。

また、ノートパソコンのキーボードは配列が窮屈です。外付けキーボードなら、本体に対して自由な位置で利用できます。

前述の外付けモニターと外付けのキーボードを組み合わせれば、デスクトップと同じ作業性で仕事ができます。

外付けモニターが置けないとしても、キーボードだけは打ちやすい外付けタイプを推奨します。

キーボードの選び方

外付けキーボードは非常に多くの製品が販売されています。取りあえず手ごろな価格のキーボードを利用してみるのも悪くありません。

ここでは、「iClever IC-BK13」を紹介します。価格は3,000円程度で、ワイヤレスで利用できます。

3,000円程度で購入できるiClever IC-BK13は手ごろな価格で打ちやすい。

　他のキーボードでも、ノートパソコン内蔵のキーボードよりは打ちやすいものが多いでしょう。この価格帯は、いわば入門モデルです。

　キーボードに奮発するのもおすすめです。なにしろ、毎日長時間使うのはキーボードだからです。高級なキーボードは高価ですが、10年以上は余裕で使えます。中途半端な金額の製品を買うより、2万円を超える静電容量方式の高級タイプを推奨します。

　普通のキーボードと違って、キーを押し下げたときの静電気の量を把握して入力します。軽々とタイピングしてもきっちり入力できます。

　また、静電容量方式のキーボードは、音が静かなのが特徴です。最近のモデルはさらに静音化されており、家族からの「タイプ音がうるさい」というクレームも減るはずです。

Happy Hacking Keyboard
Professional HYBRIDは、静電容量
方式の打ちやすいキーボード。コン
パクトなサイズが魅力。3万2,000円。

REALFORCE R2 テンキーレス「PFU
Limited Edition」は、2万8,500円。
こちらも静電容量方式。

インターネット回線は必須
なるべく高速な回線を使おう

　おうちで仕事をするなら、インターネットに接続できなければ話になりません。会社でインターネット回線の費用を負担してくれるケースも出てきています。

　携帯通信会社のホームルーターは、工事が不要なのでとても手軽です。しかし、通信速度が遅いという欠点があります。特にマンションなど鉄筋の建物の真ん中の部屋では電波が悪くなり、遅いと感じるケースが多いでしょう。

　仕事で使うなら、**なるべく高速な通信回線を利用するべき**です。スマホのテザリングを利用して、データ通信容量を気にしているようでは話になりません。

　インターネットが遅くて仕事にならなかったり、通信容量を気にしたりするのはナンセンスです。できる限り光回線を引くようにしましょう。もちろん、ケーブルテレビなどの回線でも、高速ならかまいません。

速度をチェックしよう

　今使っている回線が遅いと感じるなら、スマホでチェックしてみましょう。回線速度計測アプリをインストールして速度を計測します。

　どのアプリでもかまいませんが、迷ったら「Speedtest」というアプリでいいでしょう。ダウンロードの通信速度が30 〜 50Mbps以上は出ていてほしいところです。10Mbps以下では、快適に仕事はできません。

　なお、時間帯によっても速度が異なるので、気になる方は、何度か計測し

てみることをおすすめします。特に、マンションで回線を共有していると、利用者が多い夜に回線が遅くなる傾向があります。直接的な改善は難しいかもしれませんが、ぜひこまめに速度を計測しましょう。速度が低下するパターンがわかれば、大きなファイルは朝送るなど、自分なりの対策が考えられます。

Speedtestで速度を計測。アプリはiPhoneとAndroidスマートフォン両方で使えます。

周囲がうるさいなら
自分が耳をふさごう

　広くない部屋で仕事をしていると、家族の出す音がうるさいと感じることが少なくないでしょう。

　テレビの音、会話など単なる雑音だけでなく、テレビのニュースや家族のケンカの声などは内容が気になって仕方がありません。

　仕事の効率をアップするために、家族に「静かにしてほしい」と伝えるのは家族が不和になるもとです。おうちで仕事をするなら、家族の環境は今までの状態をキープして、そこに仕事を持ち込むことになります。

　周囲がうるさいと思うなら、自分が耳をふさぐしかないのです。

ノイズキャンセリング機能がおすすめ

　うるさい中でも静かに仕事をしたいなら、イヤホンやヘッドホンをするのがベストでしょう。理想的には**ノイズキャンセリング機能を搭載している製品**がおすすめです。

　Bose製品は多くがノイズキャンセリング機能を採用していますし、AirPods Proも秀逸なノイズキャンセリング機能を搭載しています。

　周囲の音が驚くほど聞こえなくなります。会話はある程度聞こえますが、隣の部屋にいればほとんど気になりません。作業をしながら音楽を聴いてもいいですし、いわゆるホワイトノイズを小さな音で流してもいいでしょう。ホワイトノイズとは、テレビの砂嵐の音や川の音などの、いわゆる環境音です。

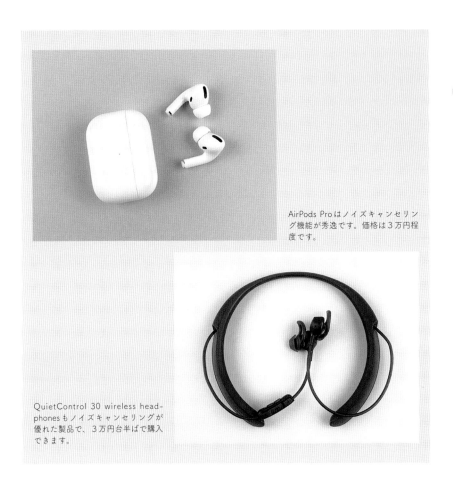

AirPods Proはノイズキャンセリング機能が秀逸です。価格は3万円程度です。

QuietControl 30 wireless head-phonesもノイズキャンセリングが優れた製品で、3万円台半ばで購入できます。

　ただし、1日中付けっぱなしにするのは耳のためによくありません。周囲がうるさいときにだけ利用しましょう。なお、スマホ用のイヤホンやヘッドホンなら、電話の通話もできるので、仕事を止めることがありません。音楽用のヘッドホンやイヤホンは通話機能がないので、使い勝手がイマイチです。

Web会議を
使いこなす

Web会議には
外付けカメラが役立つ

　Web会議では、顔を見せてやりとりをします。多くのノートパソコンには、Webカメラが付いてきます。お手元のパソコンをご覧ください。ディスプレイの上部に小さなカメラが付いていることでしょう。

　ところが、このパソコン内蔵のカメラは画質があまりよくありません。特に暗く映ることが多く、悪印象を与える可能性もあります。

　そこでおすすめなのが、**外付けのWebカメラ**です。市販のWebカメラは、パソコンに内蔵されたタイプと比べると画質が上がります。もちろん、粗悪な格安品もありますので、耳にしたことのあるメーカーの製品を選ぶのがコツです。

写真は売れ筋のWebカメラ「C720n」（ロジクール）です。価格は4,700円程度です。

パソコン内蔵のカメラ。

フルHDの外付けカメラ。こちらの
ほうが明るいことがわかります。

Webカメラの性能

　Web会議では、**720pの解像度が標準**となっています。90万画素程度のパ
ソコン内蔵のWebカメラに該当します。外付けカメラも、720p対応製品が
手ごろで一般的です。外付けカメラの画質はカタログに出ています。720p
とは、画面の縦の解像度が720ドットであることを示し、数字が大きいほう
が映像を構成するドットが多く緻密になります。

同じ720pのカメラでも市販の性能のよいものはレンズなどが違うために、画質がよくなるわけです。これは、スマホのカメラが同じ画素数でも、高価な製品は写真のクオリティが違うのと同じことです。特に、性能のよい製品はレンズが明るいので、顔が明るく映ります。

　高解像度のWebカメラは1,080pに対応しています。こちらは、200万画素程度となります。実際には、1,080pでWeb会議を行うケースはほとんどありません。解像度が高いWeb会議はデータ通信の容量が大きすぎるために、現実的ではないのです。画素数が自動で変更されるケースもあり、その場合は360pになることも少なくありません。

　実は、720pでさえ、通信の帯域を大きく使います（約1.2 ～ 1.5Mbps）。つまり、特別な用途でなければ、720p対応のカメラで十分なのです。

　ただし、後述する撮影にも使えるので、1,080p対応のカメラを手に入れておくのも悪くはありません。また、高価な1,080p対応のWebカメラはレンズの性能もよいケースが多く、実際の利用が720pだとしてもきれいに映ります。

Webカメラがなければ
スマホのカメラも利用可能

　パソコンにWebカメラが付いていないなら、スマホのカメラを利用することができます。スマホとパソコンに下記で紹介する「EpocCam」などの専用アプリをインストールして、パソコンの外付けカメラとしてスマホを使うわけです。

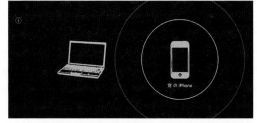

アプリを起動するとこのようになります。

iPhoneにアプリをインストールします。今回はEpocCamを紹介します。Androidスマートフォンでも多くのアプリがリリースされています。

パソコンにもアプリをインストールすれば準備完了です。

パソコンの Web カメラを設定したアプリにします。

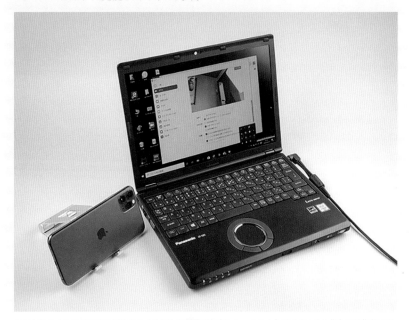

スマホのカメラがパソコンの Web カメラとして利用できました。このようにスタンドを使うのが基本です。

スマホのカメラは、パソコン内蔵のカメラよりも画質がよいケースが多いので、美しく映すこともできます。

　ただし、パソコンとスマホの相性によってはうまく使えないこともあるので、事前に試してみてください。

　基本的には、**パソコン内蔵やWebカメラの利用**をおすすめします。手元にない場合には、スマホを使ってみる手もあります。

　なお、ここでは、僕の環境で利用しているアプリ「EpocCam」とiPhoneの組み合わせの使い方を紹介していますが、皆さんの環境でも利用できるとは限りません。iPhone、Androidともに、多くのアプリがリリースされているので、いろいろ試して、快適に使えるものを探し出してください。

顔出しはするべき
自分が出さないと相手も出さない

Web会議では、**必ず顔を出すべき**です。こんな話をすると、「部屋が汚いから恥ずかしい」「化粧をしていないので出たくない」といった声が少なからず聞こえてきます。

しかし、Web会議は友達と話すのではなく仕事なのです。部屋が汚いなら片付けましょう。Web会議の背景になる部分だけでいいのです。もちろん、多少汚くても気にする必要はありません。Web会議アプリでは、**バーチャル背景を利用することで、家の様子を隠すことができます**。しかし、うまく表示できないケースもあるので、利用前にテストしておきましょう。特に背景にものが多かったりするとうまく表示できないケースがあります。

また、会社に行くときにお化粧をして出掛けているなら、おうちでの仕事でも化粧をするべきです。もちろん、普段は不要ですがWeb会議の際はしてください。人と会うのに化粧が必要だと思うなら、それを理由に顔を出さないのはナンセンスです。

顔を出す理由

Web会議で顔を出す理由は簡単で、**相手の顔が見たいから**です。実際にやってみるとわかりますが、相手の顔が見られるのはとてもいいことです。実際に面談するほどではありませんが、表情で印象がわかります。相手が質問をしたがっていることが表情から読み取れたら、話をいったん止めて問いかけることもできます。

Web会議では顔出しを必ずしましょう。

　自分が顔を出すのは、相手の顔を見たいからなのです。自分が顔を出さないで、相手に出してもらおうとするのはナンセンスです。

　僕もいろいろなWeb会議に参加していますが、いわゆる「クライアント」として立場の強い人が顔を出していないと、ほぼ全員が顔を出さなくなります。遠慮する面もあるのでしょう。「自分だけ出すのはどうだろう」と考えるのが普通です。自分の立場が上になるケースほど、顔を出すようにしてください。

　ちなみに、顔を出さないWeb会議でも、電話の通話よりは便利です。特に、パソコンの画面を共有できるのが最大の違いです。ExcelやPowerPointのファイルを見ながら話を進めていけます。

最も気になるのは音
ヘッドセットなどを使おう

　新型コロナウイルスの影響によって、おうち仕事が急速に普及し、多くの人がWeb会議をするようになりました。ZoomやMicrosoft Teamsを使って、自宅にいながらお互いの顔を見て打ち合わせができるわけです。もちろん、複数名での打ち合わせも可能で、無料サービスでも100名が同時に参加できるものもあります。

　そこで、多く寄せられるのが**音声に関するトラブル**です。「声が聞こえない」「自分の声が出てないと言われた」「音が悪くて聞き取りづらい」「雑音が入る」といった、苦情や使いづらさをよく耳にします。

　考えてみれば、自分の声が相手にどのように聞こえているのか、わかっていない方がほとんどでしょう。よい内容の会議ができたとしても、音が聞きづらいと興ざめです。

　ノートパソコンが１台あればWeb会議はできてしまいます。しかし、パソコン内蔵のマイクやスピーカーは、音質がよくないものが少なくありません。まして、おうち仕事となると、周囲の音が気になります。実際に僕がWeb会議を重ねて気になったのは、扇風機などのファンやテレビの音など、ずっと流れているノイズです。たとえば救急車のサイレンなど、すぐに終わる音はあまり気にならないものです。

　相手に少しでもよい音で聞いてもらうために、まずは自分の環境を整えましょう。

ヘッドセットを使う

　音声に関するトラブルを防ぐためには、**専用のヘッドセットを利用する**のが一番のおすすめです。1,000円台から販売されているビジネス向けヘッドセットでも十分です。選択の際は、聞いたことのあるメーカーの製品を選ぶと安心です。中国製などの無名メーカーの製品だと音質が悪かったり、長持ちしなかったりするケースもあります。

　ヘッドセットには、USBポート接続のタイプと、イヤホンマイク端子に接続する製品があります。どちらでもかまいませんが、最近のノートパソコンにはUSB-C端子しかないものがあるので購入の際には気を付けてください。端子が合わなければ当然使えません。ヘッドセットを使えば、パソコンでメモを取ってもタイプ音が入らないのがいいところです。

写真はロジクールのヘッドセットで、
1,000円台で買えるシリーズです。

スマホ用のイヤホンマイクを使う

　ヘッドセットがない場合には**スマホ向けのイヤホンマイクを使う**手もあります。スマホを購入すると付いてくるのがイヤホンマイクです。通常のイヤ

ホンと違うのは、通話ができることです。つまり、音楽用に売られているイヤホンやヘッドホンを使っても、Web会議では意味がないのです。

　イヤホンマイクを使うと、周囲の雑音が入りにくくなります。しかし、口とマイクの距離が離れています。ケーブルで接続するタイプなら、マイクの部分を口に近づけるとよいでしょう。AirPodsのようなワイヤレスの製品も通話ができるなら利用可能です。ただし、こちらは電池が切れると使えなくなるので、会議が長くなりそうなら気を付けてください。

AirPodsなどのスマホ向けイヤホンも利用可能。

専用のスピーカーを使う

　Web会議専用の「コミュニケーションスピーカー」が、とても人気になっています。パソコンのスピーカーとマイクを拡張する製品だと考えればよいでしょう。相手の声がとてもよい音で聞こえますし、こちらの声もきれいに届きます。ただし、ヘッドセットとは違って周囲の音も拾いますので、テレビの音やタイプ音は入ってしまいます。

　コミュニケーションスピーカー最大のメリットは、複数名でやりとりするケースです。

　こちら側に複数の人がいても、全員の声がきれいに届きます。

Anker の PowerConf は、Web 会議用のコミュニケーションスピーカー。1 万円台の製品がおすすめです。

Web 会議アプリでは、スピーカーやマイクの設定も行っておきましょう。設定方法はアプリによって変わりますが、基本的にはこのような「デバイスの設定」項目から操作できます。

CHAPTER 3

Web会議サービスの
選び方

　新型コロナウイルスの影響によって、世界中で在宅勤務が注目され、実施されてきました。同時に、Web会議サービスに注目が集まり、各社はいっそう力を入れて普及に努めています。

　多くのWeb会議サービスがあって、どれを使うべきなのか迷ってしまうでしょう。

　まず、会社で指定のサービスがあればそれを利用します。残念ながら選択の余地はありません。

　しかし、会社指定のサービスだけを使っていればよいわけでもありません。営業など顧客優先の立場なら、相手の指定するサービスを使わなければならないこともあります。場合によっては、会社で禁止されていても、個人

	Zoom	Microsoft Teams	Cisco Webex Meetings	Google Meet
費用	無料	無料	無料	無料
アカウント	招待者のユーザー登録はマスト。登録せずに参加は可能			Googleのアカウント
わかりやすさ	◎	×	△	○
画面共有	できる	できる	できる	できる
特徴	・画質や音質がよい ・利用へのハードルが低い	コミュニケーションツール	手書きも可能	ブラウザーで利用
その他	・無料版のグループミーティングは40分 ・セキュリティを心配する人がいる	無料では録画できない	50分の時間制限がある	・2020年9月30日以降60分に制限の予定 ・カスタム背景がない

のパソコンやスマホを用意して内緒で使わなければ仕事にならないケースもあるのです。

特定のサービスしか使わせない会社は、実情がわかっていないので、情報システム部門などに訴えて、営業職では複数のサービスを使えるように働きかけましょう。

また、小さな会社やフリーランスならば、自分でWeb会議のサービスを選べることもあります。そんな際にはどのサービスを使えばよいのでしょうか。ここでは、Web会議サービスの特徴をまとめていきます。

なお、ここに掲載している情報は、2020年8月初旬のものです。

Zoomは使いやすく画質もいい

Web会議が話題になって最初に広く使われたのがZoomです。Zoomの特

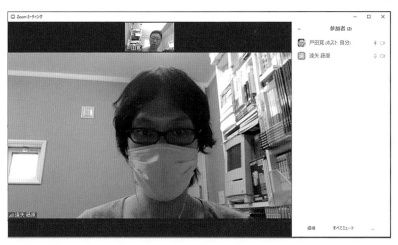

Zoomは使い勝手のよいサービスですが、セキュリティの不安を気にする方が多くいます。

徴は**簡単に利用できて、しかも画質や音質がよいこと**です。

　ところが、セキュリティ上の懸念が生じたこともあり、急遽利用を停止した会社もあります。

　Zoomもアップデートを重ねており、最新版を使えばまず問題はありません。しかし、顧客がセキュリティを気に掛けているようなら使うべきではありません。

　実は、Zoomには、無料版のグループミーティングは40分で切れるという制約があり、最も使いやすいサービスではないのです。

ビジネスチャットの定番Microsoft Teams

　Microsoft Teamsは、そもそもビジネスチャットツールです。つまり、**ビジネス向けのLINEのようなもの**です。その機能のひとつとして、Web会議

Teamsは、同じメンバーと繰り返しWeb会議を行うのに向いています。

が提供されているのです。

　会社の同僚など、同じメンバーとWeb会議を行うときにはとても使いやすいサービスです。無料版で利用できなかった、会議をスケジュール管理する機能が追加されるなど、日々アップデートされているので使い勝手は向上しています。

　どのサービスにするか迷ったら、Microsoft Teamsを利用するのが一番のおすすめです。

IT系の企業で人気のCisco Webex Meetings

　IT系の企業での利用者が多いのがシスコの「**Cisco Webex Meetings**」です。ただし、無料版では時間制限が追加されたのでやや使いづらくなってしまいました。

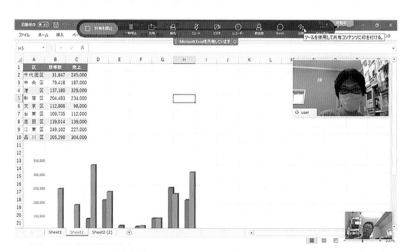

Cisco Webex Meetingsは、制約の少ないおすすめのWeb会議サービスです。

残念なのは、知名度が高くないことと、使いこなすのに少し時間が掛かることです。会議のスケジュール管理は専用のWebページから行います。このあたりがちょっとわかりづらいのです。

おなじみのGoogle製サービスGoogle Meet

　Googleが提供するWeb会議サービスです。利用には、Googleのアカウントが必要ですが、多くの人が所有しているでしょう。

　GmailやGoogleカレンダーからWeb会議を予定、開催できます。とてもわかりやすいのが特徴です。しかし、2020年9月30日以降は、**無料版では、60分の時間制限が課される予定**です。メインのWeb会議として使い込んでいると、秋になって困ってしまいそうです。なお、Web会議はブラウザー上で実施し、デスクトップアプリは使いません。

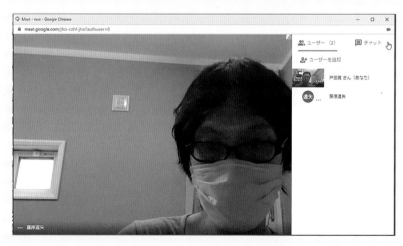

Google Meetは、わかりやすいWeb会議サービスです。

どれを使うのがベストか?

前述のように、あなたが「面談してもらう側」なら、すべてのサービスを使えるようにしなければなりません。ここに挙げた以外にも、LINEやFacebook、SkypeなどのWeb会議サービスもあります。他にも数え切れないほどのサービスがありますが、顧客に合わせて使えるようにしてください。

あなた主導でWeb会議サービスを導入するなら、慎重に選びましょう。特に無料で使うユーザーが多い場合には、Microsoft Teamsをおすすめします。ビジネスチャットとしても役立つので、これからも利用者は増えるでしょう。

有料サービスを使う理由

サービスごとに、有料と無料の違いがそれぞれあります。さらに、それぞれのサービスがシェアを競っている状態なので、無料版の制限内容が頻繁に変わっています。

では、どんな人が有料サービスを選ぶべきでしょうか。基本的には招待する側になるなら、有料サービスをおすすめします。時間制限があるWeb会議サービスでも、招待者が有料ユーザーなら制限に掛かりません。

ビジネスの現場では、自分の指定するサービスを使いたいなら、招待側になるという暗黙のルールがあります。つまり、取引先から「招待してほしい」と言われたら、自社が使っているサービスを利用すればよいわけです。ですから、あらゆるWeb会議サービスの有料版に加入する必要はありません。

Web会議は
スマホでも利用できる

Web会議は、スマホでも利用できます。今回、主に紹介してる4つのサービス（Zoom、Microsoft Teams、Cisco Webex Meetings、Google Meet）は、どれもスマホで利用可能です。iPhone、Androidスマートフォンどちらにも、専用のアプリが提供されています。

もちろん、アプリは無料で、パソコンとほぼ同じ条件で使えます。たとえば、Zoomでの会議が無料版なら40分で切れる——といった制限も同じになります。

なお、Microsoft Teamsは、スマホからは会議を開催することができないので、パソコンなどで開催した会議に招待してもらう必要があります。

スマホでも、パソコンの画面を共有してもらうことが可能です。ExcelやPowerPointの画面を見ながら会議に参加できます。

パソコンが手元にないケース、外出先で急遽会議に参加せざるを得ないようなときにもスマホがあれば、こと足ります。

ただし、スマホでWeb会議に参加する際には、**スタンドの利用**をおすすめします。手持ちでは画面がゆれて、他の人が見づらくなってしまいます。もちろん、急遽の参加の場合には、画面がゆれることをおわびした上で、参加する手もあります。

スマホでのWeb会議は、あくまでも出先用、緊急用と考えるべきです。おうちで仕事をするなら、パソコンで快適にWeb会議ができる環境を用意しておきましょう。

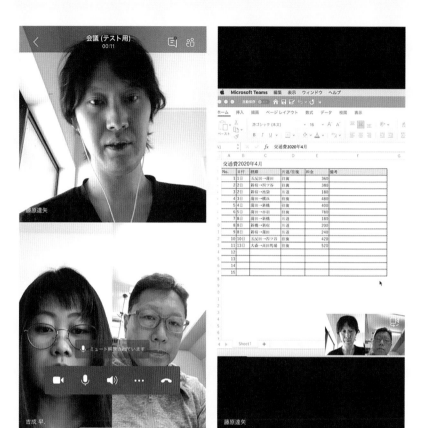

スマホでも Web 会議は可能です。　　　　　　　　パソコンで共有された画面も確認できます。

Web会議を
使いこなすコツ

　Web会議の経験がない方に、いくつかアドバイスをさせてください。基本的に、Web会議は難しくありません。そもそも機能が多くないのですぐに慣れることができます。

　ここでは、最初に押さえておきたいポイントをまとめておきます。

招待する、招待される

　Web会議では、**誰が招待するか**がまず課題になります。はっきりいって招待は面倒なので、新人などの役目になりがちです。取引先との関係であれば、仕事をいただく側が招待するのが普通です。システムによっては、発注側が招待することもあります。

招待する方法をしっかり押さえておきましょう。画面はZoomでの招待。

Web会議に参加する際には、招待するべきなのか、されるのかを把握しましょう。Web会議の初心者なら、社内のメンバーなどで練習して招待する方法を把握しておくべきです。

　招待する際には、それぞれのWeb会議サービスで発行されたURLを貼り付けるか、招待相手としてメールアドレスを入力するのが一般的です。

画面の共有を把握する

　Web会議で最初に戸惑うのが、画面の共有です。つまり、自分が表示した画面を他の参加者にも見てもらう作業です。

　画面を共有するには、**あらかじめ該当したアプリを起動してファイルを開いておきます**。Web会議が始まってから起動しているようでは相手を待たせてしまうからです。共有したいウィンドウをしっかり開いた状態でWeb会議に臨みましょう。あとは、そのときが来たら画面の共有メニューを開くだけです。

必要なアプリのウィンドウをあらかじめ開いておきます。不要なものはなるべく閉じておきましょう。

これでスムーズに共有できます。

CHAPTER

4

オンラインで
プレゼンテーション上手
になるコツ

オンラインのプレゼンは
ここが違う！

　Web会議を行うようになると、会社で面談していたときとの違いが少なくありません。戸惑っている方も多いことでしょう。基本的には、順番に一人ずつしかしゃべることができず、より「発表」に近いイメージになります。

　書類を印刷して渡す——というこれまで当たり前にやっていたこともしなくなるのです。もちろん、書類をファイルであらかじめメール送信しておいてもいいのですが、実はこれもWeb会議では正しい進め方ではありません。

　Web会議では、基本的には**書類を共有して説明していく**ことになります。考えてみれば当然ですが、パソコンでWeb会議をしていると、事前に渡した書類を見づらいものです。そこで、ファイルを共有して打ち合わせを進めていくのが普通の進め方です。

　ファイルの共有とは、会議参加者の誰かが開いたウィンドウを全員に見せること。つまり、手元のパソコンで開いたファイルを参加者全員が見られるわけです。もちろん、あなたが書類を見る側に立っているときには、特に工夫することはありません。

　自分が発表する側になったときに、工夫がいるわけです。

細かな情報は見にくい

　そもそも、これまではA4用紙に印刷して配布するのが一般的な会議の進め方でした。多くの企業がプレゼンを導入していますが、まだ紙の書類を配

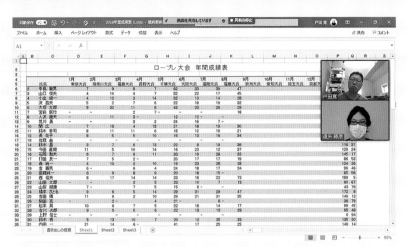

Excelのシートも大きめにしないと相手には見づらくなります。

布している会社も少なくなかったのです。ところが、そんな会社も在宅勤務で強制的にプレゼンを実施することになりました。前述のように、Web会議では、オンラインのプレゼンが前提になるからです。

プレゼンでは、**印刷して渡していた書類と同じ作り方をするのはNG**です。そもそも書類は縦が主流ですが、Web会議で見せるウィンドウは横が基本です。

そのため、Wordで資料を作るのは止めて、PowerPointで作ることをおすすめします。また、Excelのシートなども、大きめに使わないと数値などが見えません。**画面で見せることを前提に作業するべき**なのです。

オンラインプレゼン用
スライドの上手な作り方

　1つの部屋に集まって行っていた従来の会議では、ホワイトボードにアジェンダなどを表示して話を進めていたことでしょう。しかし、Web会議ではホワイトボードが使えません。

　ホワイトボードアプリを利用して、全員でシェアすることもできますが、これはWeb会議アプリとは別物なのでちょっとハードルが高くなります。

　よって、ホワイトボードを使うのではなく、画面の共有で話を進めていくのがベストです。つまり、**テレビ会議アプリを利用して、PowerPointやKeynoteで作成したスライドを表示する**のが普通です。

　議題や打ち合わせの内容などは、**テキストで用意しましょう。**Wordでも

新製品検討会議
13:00〜13:45分予定

・コンセプト発表
・スケジュール
・討議
・次回会議
・資料作成などの〆切り調整

あなたが主催者なら、アジェンダを
用意して最初に提示しましょう。

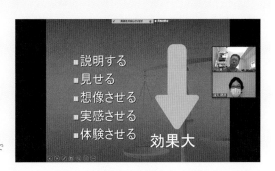

スライドはあえて４対３の縦横比で
作ると顔が重なりにくくなります。

いいのですが、前述のように縦長の書類は画面で見せるのには向きません。用紙を横にするより、PowerPointで作成したほうが手っ取り早いです。

　会議向けのスライドは、**説明用のスライドとは別に作成しておくと便利**です。最初に会議のアジェンダを提示し、必要に応じて説明用のスライドに切り替えます。

　もちろん、あなたが主催者でなければ、会議用のスライドは不要です。スライドはあまり要素を大きくせずにスッキリ見られるように作ります。また、あえて縦横比が４対３で作っておくと、顔が重なりにくくなります。

オンラインプレゼンの話し方に注意

　オンラインのプレゼンでも、基本的な話し方、進め方は面談のプレゼンと変わりません。ここでは、オンラインだからこそ、注意するポイントをまとめておきます。

●ゆっくり話す

　相手の通信環境、自分の通信環境によってタイムラグが起こります。スラ

イドをめくりながら話す際には、面談時よりゆっくり話します。また、スライド切り替え時にもワンテンポ置いてから話し始めるとよいでしょう。切り替えた瞬間には、画面が乱れたりして見えていないケースもあります。

●質問を問いかける

面談していると、相手の表情などを見て質問の間合いを計れます。しかし、オンラインのプレゼンでは、表情を把握するのは無理があります。そこで、5分程度を目安に「質問はありますか」と問いかけます。

●最後に名指しする

プレゼンが終わったら、「以上です。質問はございませんか」と問いかけます。さらに、顧客で発言していない人がいたら、名指しして「○○さん、ご質問はよろしいでしょうか」と問いかけます。

スライドを丸ごと送る
新しい書類の作り方

　テレワークが普及し、仕事のあり方が大きく変わろうとしています。これまでは、会えなかったり、電話での話が終わったあとに「資料を送っておいてください」と言われることがよくありました。もちろん、自分から「資料を送っておきますので見てください」と申し出るケースも少なくなかったでしょう。

　しかし、こんなやり方はもう古いのです。Web会議で使う予定のスライドを作成しておいたとします。ところが、会議に参加する予定の誰かが急遽参加できなくなることが、ままあります。そんなときには、資料を送ってほしい——と前述のようなやりとりになるわけです。

　こんなケースでスライドをそのまま送っても話になりません。スライドは、説明とセットで機能するように作っているからです。

　では、説明を全部書いた企画書を作り直せばいいのでしょうか。もちろん、それでもかまいません。しかし、とても時間が掛かりますし、あなたの熱のこもったプレゼンにはかないません。

スライドを丸ごと送る

　そこでおすすめなのが、**説明込みのスライドを丸ごと送る方法**です。PowerPointには、スライドに録音する機能が用意されています。

　プレゼンの録音は、スライド1枚ごとに行います。スライドをめくっては解説することを繰り返すと、長いプレゼンが完成する仕組みです。つまり、

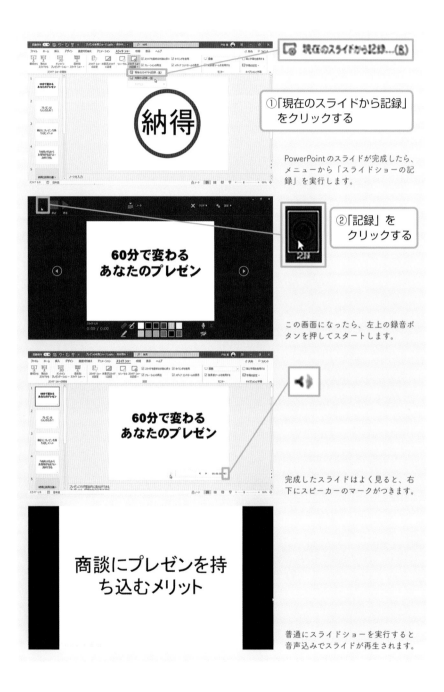

①「現在のスライドから記録」
をクリックする

PowerPoint のスライドが完成したら、
メニューから「スライドショーの記
録」を実行します。

②「記録」を
クリックする

この画面になったら、左上の録音ボ
タンを押してスタートします。

完成したスライドはよく見ると、右
下にスピーカーのマークがつきます。

普通にスライドショーを実行すると
音声込みでスライドが再生されます。

しゃべりが納得できなければ、そのスライドだけを録音し直せばよいのです。録音の際には、ヘッドセットを付けて作業するのがおすすめです。パソコン内蔵のマイクでは音質がよくない上に、周囲の雑音も拾いがちだからです。ヘッドセットを付けることで、ある程度クリアな声で録音ができます。

　完成したPowerPointのファイルを相手に送りましょう。届いたら、スライドショーを実行すると、自動的に音声込みで再生されます。その手順はしっかり伝えなければなりません。

音声入りスライドを気軽に送る

　アドビの「Adobe Spark Video」というアプリを利用すると、ちょっとした音声入りのプレゼンが簡単に作れます。しかも、iPhoneやiPadだけで手軽に作れます。アプリは無料で使えます。

　今回は、iPadを利用した作成方法を紹介しますが、iPhoneでも画面が小さくなるだけで基本的には同じ方法で作業できます。

　Adobe Spark Videoの利用には、ログインが必要になるので適宜IDを作成

Adobe Spark Videoでスライドを作ります。テンプレートは適当に選択してかまいません。

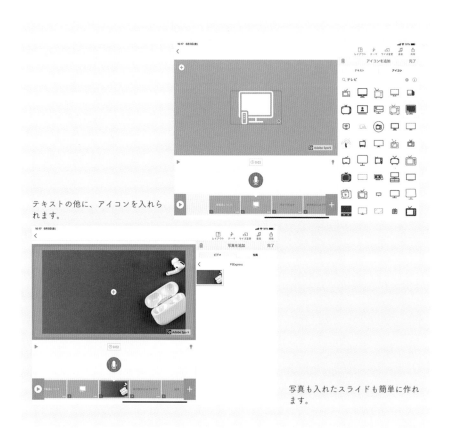

テキストの他に、アイコンを入れられます。

写真も入れたスライドも簡単に作れます。

してください。アプリを起動したら、「＋」をタップして新規ファイルを作成していきます。SparkVideoでは、スライドにテキスト、写真、アイコンを入れていきます。写真は自分で撮影したものに加え、各種素材が使えます。また、アイコンはあらかじめ用意されている大量の簡易なイラストが使えます。

　テキストとアイコンをそれぞれちょっと入れて説明を加えていくのが基本です。

　手軽に文字やアイコン、写真を入れてスライドを完成させたら、声を録音

します。各スライドを表示し、下のオレンジ色のマイクボタンを押している間だけ録音できる仕組みです。間違えたり、気に入らなければ再度録音すればよいのです。スライドごとに録音すると、最後には合体して1つのスライドショーにしてくれます。また、必要に応じて用意されたBGMも追加可能です。

　作成を終えたら、共有することでファイルを見てもらえます。PowerPointと違ってサイズの大きなファイルを送る必要がなく、リンクをタップするとブラウザー上で自動的にスライドが再生されるので便利です。

オレンジ色のボタンを押している間だけ音声が録音できます。さらに、BGMも追加可能です。

完成した音声入りのスライドはリンクを送ってシェアできます。画面はアップロード中の状態です。

よりわかりやすい
手書きも活用しよう

　Web会議では、これまでに説明したように、書類を共有して見せること
になります。ところが、書類を1枚表示して、それを見ながら説明しても、
どこを指し示しているかわかりづらいことがあります。

　プレゼンのスライドなら要素を少なくすることで、指摘の箇所は的確に伝
わります。

　しかし、Excelの表などでは、「数値が伸びています」と伝えたところで、
どの部分を指すのかがわかりにくいケースが少なくありません。現場のプレ

手書きを利用すると、どこを指し示しているかわかりやすくなります。

ゼンとは違って、レーザーポインターも使えません。マウスで示してもわか
りやすくありません。こんなときには、**手書きを利用する**のがベストです。

　PowerPointやExcelなど、Microsoft Officeアプリはすべて手書きに対応し
ています。とはいえ、普通のパソコンでは手書きは不可能なので、2in1パソ
コンでペン入力に対応している機種のみで利用できるわけです。

　営業などで、オンラインプレゼンの機会が多いなら、手書きを視野に入れ
てパソコンを買い換えることも検討するべきでしょう。一度使ってみると、
その便利さ、わかりやすさは格段に違うことが理解できるはずです。

　手書き対応のパソコンは種類が増えており、たとえばHPのENVY x360
13なら、7万円台から購入できます。

　なお、iPadにExcelやWordをインストールすれば、Apple Pencilで手書き
が可能です。

CHAPTER

5

毎日会わなくても大丈夫!
コミュニケーションを
自分で管理

連絡には電話を使わない
効率化の第一歩

　電話は、**仕事のコミュニケーションツールとしては好ましくありません。**10年以上前に出版した本の中でも、「電話はなるべく使わない」と書いてきました。もちろん、僕は、電話はほとんど使いません。

　当時はメールと電話がコミュニケーションツールの主役でした。ところが最近は、ビジネスチャットやWeb会議サービスも登場しています。遠隔地とのコミュニケーションの手段が増えているわけです。

　その結果、さらに電話を使う機会が減っています。電話より優れたツールばかりだからです。

なぜ電話を使うべきではないのか？

　なぜ、電話を使わないほうがよいのでしょうか。これはもう、単純な理由です。電話を掛けるということは、相手の時間を奪うことになるからです。電話を掛ける際に、相手が何をしているかはわかりません。たとえば、「企画書を送ってほしい」という用件があるとします。会社でなら、相手の様子がわかりますから、手の空いていそうなときにちょっと伝えればよいだけです。

　ところが、おうちで仕事をするようになると、相手の様子はわかりません。電話を掛けて伝えるとしても、相手は重要な書類を作っていたり、他の人と電話中かもしれません。重要なWeb会議でも実施していたら大変な迷惑になります。

　では、同じ内容をビジネスチャットで伝えるとどうでしょう。相手は、空

いている時間にひと目見て内容を理解し、必要なら返事を送ってきます。

　また、あなた自身も電話を掛けて、相手が出るのを待つという面倒な作業をしなくて済みます。

　各種コミュニケーションツールは、次のように使い分けることをおすすめします。

連絡内容	連絡手段
すぐに済む連絡	ビジネスチャット
テキストによる打ち合わせ	ビジネスチャット
10分程度で状況を聞く （感情が必要そうな場合）	電話
しっかりした打ち合わせ、会議	テレビ電話
顧客との連絡	基本的にはメール。関係が深ければビジネスチャット

　ひとことで済む連絡や、やりとりの回数が多くなるテキストによる打ち合わせは、ビジネスチャットが便利です。相手の時間を奪わないからです。

　たとえば、自分が出席しなかった商談の状況を聞くようなケースでは、電話を使ったほうがよいケースもあります。どんな感触だったのか、テキストでは伝わりにくいニュアンスを知りたいケースです。また、うまくいった商談を祝いたいときにも電話がいいでしょう。

　電話を使うときには、「15時までは席にいるので電話してください」などと伝えるのがおすすめです。また、僕は朝、会社のメンバーに電話を掛けることが多いと伝えています。在宅でも元気で仕事をしているか、声も聞きたいので電話を掛けるわけです。

　一昔前は、しっかりした打ち合わせにも電話を推奨していましたが、今やWeb会議を使ったほうが便利です。

メールはできるなら Gmailを利用する

CHAPTER 5

すでに利用している方は、**Gmailの便利さ**が実感できていることと思います。ここでいう、Gmailとは、Gmailのアカウントではなく、「Gmailアプリ」の話が中心になります。Gmailアプリでは、Google以外のメルアドのやりと

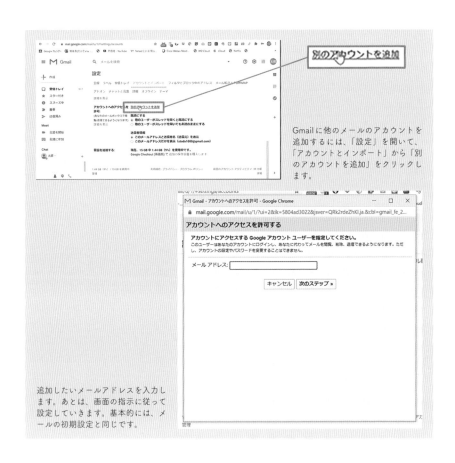

Gmailに他のメールのアカウントを追加するには、「設定」を開いて、「アカウントとインポート」から「別のアカウントを追加」をクリックします。

追加したいメールアドレスを入力します。あとは、画面の指示に従って設定していきます。基本的には、メールの初期設定と同じです。

りも可能です。

とはいえ、ややこしいのですが、Gmailのアカウント、つまりGoogleのアカウントがなければGmailのアプリは使えません。

Gmailのアプリでは、一度メールの設定を済ませておけば、パソコンだけでなく、スマホでも同じようにメールのやりとりができます。つまり、メールの設定が、Googleのアカウントに記録されるわけです。

しかも、他のメールアドレスのやりとりも可能です。

パソコンでOutlookやWindows標準のメールを使っていると、スマホではいちいちアカウント設定をしなければなりません。

Gmailなら、そんな面倒なことはしなくても大丈夫です。パソコンではブラウザーで利用可能ですし、スマホはアプリをダウンロードするだけでOKです。会社で禁止されていない限り、Gmailを使うことをおすすめします。

過去のやりとりのほとんどがある

僕は、顧客とのやりとりはメールを使うことがほとんどです。Googleのストレージプランは、年間3,800円で200GBを利用しています。これで、10年以上前のGmailのデータが保存されています。パソコンやスマホを買い換えても、メールの履歴を保存する必要がありません。昔はいちいち、Outlookのファイルを新しいパソコンに移していました。しかし、メールの数が多くなりすぎて、もはや不可能になっています。

Gmailを検索すれば、ほとんどのやりとりが見つかるわけです。もちろん、スマホからでも検索は可能です。

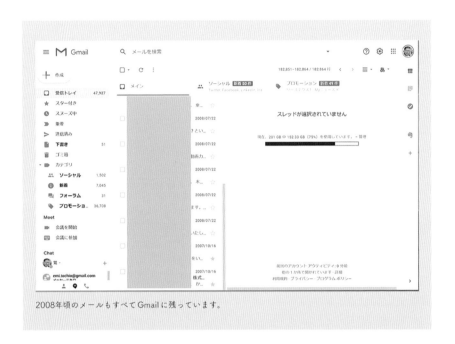

2008年頃のメールもすべてGmailに残っています。

Gmailはスターマークを活用しよう

　Gmailの使いこなしだけでも、本が1冊書けるほどの量があります。ここ
では、1つだけ便利な機能「**スター**」を紹介します。

　日々さまざまなメールが大量に届くでしょう。多くの方が、ラベルによる
振り分けなどを使っていると思います。もちろん、振り分けもおすすめです
が、一番便利で手っ取り早く機能するのが「スター」です。

　重要なメールや処理するべきメールが届いたら、スターマークを付けま
す。これで、メールを捜す手間が省けます。パソコンでスターマークを付け
れば、スマホでも有効になります。

　作業を終えたらスターマークをもう一度クリック（タップ）して消すだけ
です。これだけで、ちょっとした作業管理ができます。

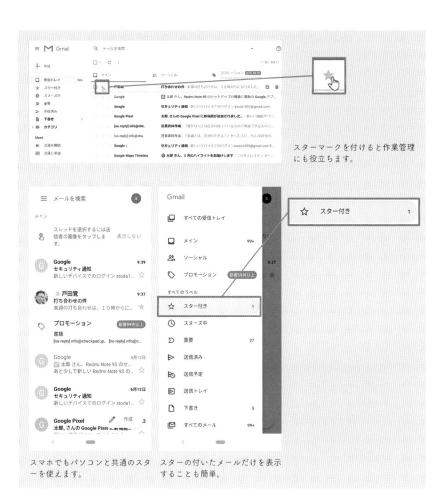

スターマークを付けると作業管理にも役立ちます。

スマホでもパソコンと共通のスターを使えます。

スターの付いたメールだけを表示することも簡単。

ビジネスチャットの活用が おうちで仕事のカギ

　自宅で仕事をする際に、最も重要かつ難しいのがコミュニケーションです。会社にいたときと比べると、人との関わり方や情報のやりとりが大きく変わってきます。

　特に、直接の会話ができなくなるのがネックです。そこで活用するべきなのが、**ビジネスチャット**です。ビジネスチャットには、Slack、Microsoft Teams、Chatworkなどがあります。基本機能はどれもさほど変わりません。簡単にいってしまうと、LINEのビジネス版です。

画面はSlackです。

メールとの使い分け

　基本的には常に頻繁にやりとりする相手とは、ビジネスチャットを使います。会社のメンバーはもちろん、常に一緒に仕事をする外部メンバーともビジネスチャットを使えばよいでしょう。

　メールは、外部の人とのやりとりに使います。多くの企業で、すでにこのような使い分けが自然に行われています。

　ビジネスチャットを使う上で注意したいのが**見落とし**です。同じ相手と細かなやりとりが増えるので、どうしても見落としがちなのです。そこで、**やりとりでは必ず「@（メンション）」を付けるようにしましょう**。同じスレッドの中でも、毎回メンションを付けると、相手の見落としが減ります。基本的にはどのビジネスチャットでも同じように利用できます。

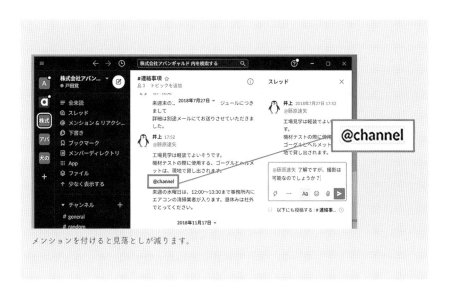

メンションを付けると見落としが減ります。

LINEは個人で使う

僕の知り合いの会社でも、社内でLINEを使っているケースが少なくありません。しかし、仕事のやりとりは、必ずビジネスチャットで行うべきです。実は、コミュニケーションの機能は大差ありません。しかし、LINEで仕事のやりとりをしていると、社員が辞めたときに対応がしづらくなります。

ただし、会社の同僚とのやりとりでも、飲み会の約束など個人的な連絡はLINEで問題ありません。顧客とのやりとりも、個人的に付き合うようになったらLINEを使うとよいでしょう。

メールやビジネスチャットの達人になる

ここまでに、各種コミュニケーションツールの理想的な使い分けを説明してきました。

ところが、相手も同じように考えてくれないと、思うようにいきません。たとえば、自分がなるべく電話を掛けないようにしていても、相手からガンガン電話が掛かってくると最悪です。

このようになる理由はいくつかありますが、相手に強制する前に自分を改善してください。まず、ビジネスチャットの返事は最速で行います。**すぐさま返事をするのが基本**なのです。メールと違ってあいさつなども不要ですから、素早く返事をしてください。

メールも同様で、おうちで仕事をするからには、夕方まとめて返事をする——といった仕事の仕方は失格です。返事はすぐに返すようにしましょう。

自分が最適な使い方をしてこそ、相手も同じように使ってくれるようになります。

ファイルの共有と
共同作業が重要

　おうちでの仕事でも、会社のメンバーと一緒に仕事をすることが多くなります。職種にもよりますが、一緒に企画書やプレゼンのスライドを作ることもあるでしょう。こんなときには、何度もファイルをやりとりしていると、どれが最新のものなのかわからなくなってきます。上司の注釈を待たなければ作業ができないために時間が掛かりすぎることも少なくありません。

　また、経費や予算をまとめるために、それぞれがスプレッドシートを作成し、誰かが集約しなければならないケースも出てきます。複数のメンバーが作った書類をまとめて転記し、1つの書類にするのはかなりの手間です。また、転記の際にミスも起こりがちです。

　こんな非効率な作業でも、会社にいればそれなりに効率的に作業ができました。目の前の部下が終わり次第上司に送って、作業を続けられます。また、同じ画面を見ながら、編集していくこともできたわけです。

　メンバーと会えない在宅勤務では、同じことはできません。しかし、最新のデジタルツールを利用すると、もっと進んだ「共同編集」ができます。

ファイルを共有する

　共同編集とは、1つのファイルを複数名で開いて同時に編集していく作業です。もちろん、同時間に編集する必要はなく、それぞれのメンバーが自分の都合に合わせて作業すればよいのです。

　同じ部分を同時に編集するとトラブルになることがありますが、その際に

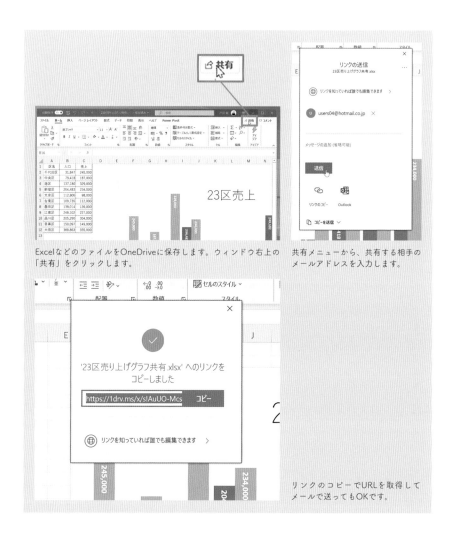

Excelなどのファイルを OneDrive に保存します。ウィンドウ右上の「共有」をクリックします。

共有メニューから、共有する相手のメールアドレスを入力します。

リンクのコピーで URL を取得してメールで送っても OK です。

は、画面上に他のメンバーのカーソルが見えるので、作業してることがわかります。人が先に作業していたら、その部分は触らないようにすれば問題ありません。

　共同編集をする方法はいろいろありますが、一番確実でメジャーなのが、**Microsoft Office と OneDrive の活用**です。ExcelやPowerPointで作成したフ

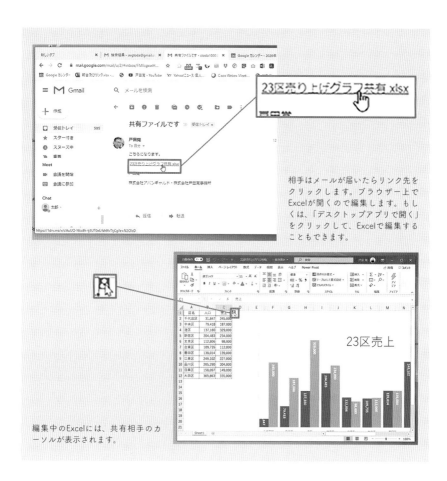

相手はメールが届いたらリンク先を
クリックします。ブラウザー上で
Excelが開くので編集します。もし
くは、「デスクトップアプリで開く」
をクリックして、Excelで編集する
こともできます。

編集中のExcelには、共有相手のカ
ーソルが表示されます。

ファイルをOneDrive上に保存します。その上で、共有メニューから相手を招
待すればOKです。

　あとは、同じファイルを編集していくだけです。

自宅でもやる気が出る！モチベーションの保ち方

どうやっておうちで
仕事のモチベーションを保つか?

　僕は、30年以上在宅で仕事をしてきました。また、僕の経営する会社でも、数名のメンバーが在宅で仕事をしています。

　僕の会社では、在宅と出勤を選べますが、ほぼすべてのメンバーが在宅で仕事をしたがります。通勤がないために楽だからです。仕事の内容は原稿の執筆と編集なので、自宅でも問題なく作業ができます。

　ところが、多くのメンバーがモチベーションの維持や自己管理に苦労をしています。これまでの経験では、さほど苦労せずに在宅で仕事ができる人は、1〜2割です。残りの8〜9割は何らかの形で、出勤していたときよりも効率が落ちています。

　自宅作業のためにダラダラと働いてしまい、結局長い時間を費やしたり、締め切りに間に合わなくなる人もいます。

　ここでは、おうちで仕事をする際にも、モチベーションや効率の維持、アップする方法を紹介していきます。

時間ではなく量を把握する

　基本的には、働く時間を考えると、うまくいきません。会社では多少サボっていても、出勤していれば給料が出ます。在宅勤務でも、パソコンの前にいれば出勤しているとみなされる会社もあります。しかし、結局のところ、上司や会社は、作業量やクオリティを判断して成果を見ていきます。

　これが会社にいるときとの最大の違いです。つまり、あなたが必死に働い

ていても、鼻歌交じりで作業をしていても、上司にはそれが伝わりません。伝わるのは成果物や商談の成果など、すべて最終的な結果でしかありません。

　8時間パソコンの前にいるのが約束でも、結果として大した成果が生まれなければ、評価はだだ下がりになるでしょう。

まず自分が何をするかを明確に決めます。

　たとえば、「今日は企画書を2通作ろう」などと、目標を朝一番で決めましょう。もちろん、週単位で作業を割り振ってもかまいません。とにかく作業をスタートする朝の時点で、やるべきことを把握するのです。ここで重要なのは、「明日でもいいや」と思わないことです。実際には、翌日作業してもかまわないケースもあるでしょう。

　ところが、先送りにすると、いいことは1つもありません。急ぎの仕事が入ってくると対応しきれなくなります。また、自分が考えていた目算よりも作業時間が長くなったり、いざ着手してみたら資料が足りない——といったことも起こります。まず、着手できるものは全力を挙げて今すぐに取り掛かります。のんびりしようと考えないのが、自宅で仕事をする最大のポイントです。この考え方によって、僕は、30年以上に及ぶ在宅勤務において締め切りに遅れたことがありません。

作業の順番を考える

　たとえば、次のような3つの作業を今日するとしましょう。

- 交通費の精算
- 企画書の作成
- 予算関連の書類を清書する

あなたは、どんな順番で取り掛かりますか。これも朝の時点で決めてしまいましょう。僕なら、企画書、予算書類の清書、交通費の精算の順で取り掛かります。**まず、最も頭を使い、創造が求められる作業は、なるべく朝早く行うのです。**朝は、頭が疲れていませんし、トラブルが起こる確率も少なくなります。就業時間が規定されていないなら、僕なら7時頃から作業に取り掛かり、途中で長い昼休みを入れるか、仕事を早く終わるようにします。

続いて、少し頭を使いそうな清書を済ませ、最後に交通費の精算をします。交通費の精算は単純作業なので、時間が掛かるとしても頭を悩ませることはないでしょう。

作業中に休憩したくなったら、僕はメールやビジネスチャットのチェックをします。すぐに返事を返せるものは返信します。このように今までやっていた作業と違うことをすれば、気分転換になります。

3つの作業を17時に終わらせればよいとしても、僕は16時を目指します。少しでも早く終わらせて、自由な時間を作ります。その時間は、会社で許されるなら、散歩に使ってもよいでしょう。

仕事をするとしても、自分の好きなことに割り当てられます。新しいことの勉強などに費やしてもいいでしょう。「17時までに終わらせればいいや」と考えるとモチベーションは上がりません。「1時間でも早く終わらせて、好きなことをしよう」と考えると、やる気もアップします。

オンとオフを明確にする
スケジュールも完璧に管理を

　ヘッドホンをしながら作業をしていて、仕事をしている時間なのか、音楽を聴いているのかわからなくなっている人がいます。音楽を聴きながら作業することを否定するつもりはありません。会社ではしづらかったことが、おうちではできるのが在宅勤務のいいところです。

　テレビを見ながら書類を作っている人もいるかもしれません。どんなことをしていても、効率が上がっているならそれでいいのです。

　しかし、仕事の時間なのか、自由時間なのかを明確にしなければ行き詰まります。おうちで仕事をするということは、会社にいたときよりも集中して作業する姿勢が求められると考えるべきです。なにしろ、上司はあなたを直接見てくれませんから、すべてにおいて自己管理が求められるのです。

　仕事をすると決めたら、徹底的に夢中になって作業をしてください。SNSなどを見ていてはダメです。

　家族が同居しているなら、時間を切って明確に「○時〜○時までは仕事なので話しかけないでほしい」と伝えるべきです。家族のためにもオンとオフは明確にしてください。

スケジュール管理を完璧に

　会社にいれば、スケジュールも他のメンバーが管理してくれることがあります。「明日の会議の準備は大丈夫ですか？」「今日の商談昼ごろでしたっけ？」といった、何気ない会話で、自分がやるべきことを把握できることが

少なくありません。

　ところが、自宅で働いていると、スケジュール管理はすべて自分マターに
なります。責任を持って自己管理するしかありません。

　そこでおすすめなのが**Googleカレンダーを利用した、スケジュール管理**
です。紙の手帳はおすすめしません。

スケジュールはGoogleカレンダーで管理する

　おうちでの仕事では、自分でスケジュールを管理することになります。も
ちろん、会社に出社していたときでも自分で管理していました。ところが、
会社にいたときには、周囲も自然にフォローしてくれていたのです。たとえ

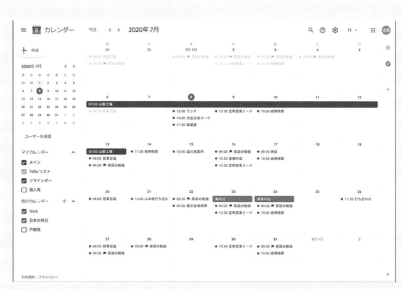

Googleカレンダーはブラウザーで開いてスケジュールを入力できます。同じGoogleのアカウントで利用
するのがポイントです。

≡ 7月 ▲　　　　　　　　📅 ⋮

日	月	火	水	木	金	土
			1	2	3	4
5	6	7	8	9	10	11
12	13	14	15	16	17	18
19	20	21	22	23	24	25
26	27	28	29	30	31	

水
8

山梨工場（3/8 日目）

ランチ
12時00分〜12時55分

渋谷方面マーケ
15時00分〜16時00分

稟議書
17時00分〜18時00分

木
9

山梨工場（4/8 日目）

定例営業ミーティング
13時30分〜14時30分

金
10

山梨工場（5/8 日目）

経費精算

スマホでも同じスケジュールを確認できます。

1日前にメールで予定を受け取り、予定の10分前に通知してもらうこともできます。

ば、会議がある際には、周囲のメンバーが準備を始めるのでそれとわかります。商談先に上司や同僚と出向くときにも、「そろそろ行くか」と声を掛け合います。

　スケジュールを完璧に把握していなくても、自然に対応できている場合も、相当多くあったわけです。

　ところが、おうちで仕事をするようになると、基本的には一人です。Web会議をうっかり忘れて参加せず、電話が掛かってきた経験がある人は少なくないのです。また、打ち合わせや商談などの予定をうっかり忘れると、大変なミスにつながります。

　そこで、スケジュールの管理をこれまで以上にしっかり行う必要があります。おすすめのツールは、**Googleカレンダー**です。同じGoogleのアカウントでログインしていれば、パソコン、スマホ、タブレットなどどんな機器で

もスケジュールが確認できます。

　Googleカレンダーは、リマインダーが設定できます。しかも、1つの予定に対して複数のリマインダーをセット可能。たとえば重要な予定は、1日前と10分前に知らせるなど、自分で指定したアラートを複数回でも鳴らせます。

どうしても気分が乗らないなら
楽しくできるように工夫を

　自分の力では、どうあがいても気分が乗らないこともあるでしょう。僕は、会社のメンバーをよく見ていますが、これが人によって、ずいぶん違うようです。とにかくがんばって作業できる人と、行き詰まって悩み続ける人がいます。もちろん、その中間が一番多いのですが……。

　会社では、周囲の同僚や先輩にいろいろなアドバイスを受けたり、相談したりすることが可能です。ところが、在宅勤務ではそれがしづらいのです。まず、これまでとの違いに違和感を覚えているなら、周囲に助けてもらいましょう。

　先輩や同僚に、相談したり教えを乞えばいいのです。こんなときには、効率は悪くなりますが電話がおすすめです。ただし、相手の時間を奪っていることを理解して、なるべく短時間で済ませましょう。
「仕事のアドバイスをいただきたいので、20分だけ電話をお願いします」などと伝えて了解をもらうべきです。

作業を楽しさで仕分けする

　会社で行う作業も、楽しいものと、楽しくないものがあるでしょう。企画書作成は楽しいが、売上データの集計は苦痛だ——こういった違いです。

　たとえば、営業で顧客に電話する際にも、「気が合う○○さんは楽しい」「いつもクレームがくる××さんには電話をしたくない」といった差があることでしょう。

効率は重要視するべきですが、気分が乗らずに仕事のモチベーションが上がらないなら、効率どころではありません。

　こんなときには、**最初にいやな作業、得意ではない作業を終わらせる**のがコツです。いやな電話を済ませたあとで、気分のよい電話を掛けるわけです。「この電話が終れば、次は○○さんだ」と思うと気が楽です。さらに、電話を掛ける作業全体が終わった段階で、よいイメージが最後に残ります。

　楽な作業を最後に持ってくる手もあります。交通費の精算は音楽を聴きながら楽しくしよう――と思えば、それまでの作業もがんばれるでしょう。

　自分の取り組み方を工夫するだけで、仕事が少し快適にできるようになります。

7

より快適に作業するためにそろえたいモノ

より快適に作業するために
マウスにこだわろう

　第2章でも、パソコンと一緒にそろえたいディスプレイやキーボードなど
を紹介しました。ここでは、さらに追加でそろえたいものをピックアップし
ていきます。

　僕の仕事の半分はIT製品の評価やレビューなので、日々、大量の製品に
触れています。その中から、作業効率のアップに確実に役立つと思うものを
紹介していきます。

　はじめに紹介したいのが、**高級マウス**です。キーボードは「打ちやすさ」
にこだわって、高級品を紹介しました。

　マウスも、高級な製品は使いやすいのですが、実はそれだけではありませ
ん。僕はロジクールのハイエンドマウスを、10年以上使い続けています。最

MX Master 3 は多機能なボタンが
非常に便利。

新モデルの「MX Master 3」は、なんと1万3,500円ほどもします。1,000円以下で買えるマウスもありますから、とても高いと感じる方が多いかもしれません。しかし、1〜2年使えば十分に元が取れる機能を搭載しています。

多機能なボタンが素晴らしい

　MX Master 3には、多くのボタンが付いており、それぞれのボタンにさまざまな機能が割り当てられます。普通のマウス同様にホイールを使ってスクロールができますが、横に付いているサムホイールでは、横方向のスクロ

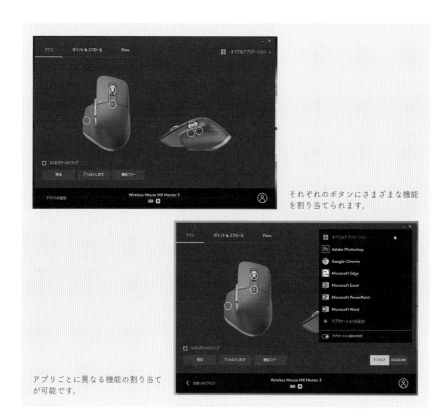

それぞれのボタンにさまざまな機能を割り当てられます。

アプリごとに異なる機能の割り当てが可能です。

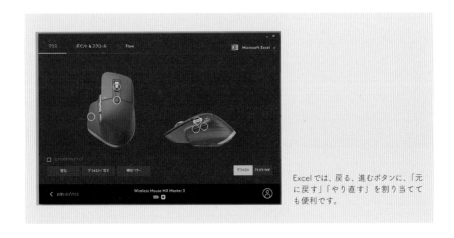

Excelでは、戻る、進むボタンに、「元に戻す」「やり直す」を割り当てても便利です。

ールが可能です。Excelで大きな表を扱うときにはとても便利です。

　また、アプリごとにボタンの機能を割り当てられます。

　たとえば、普段は進む、戻るに使っているボタンをExcelやPowerPointでは、「やり直す」「元に戻す」に割り当てられます。作図などの作業が失敗したときにも簡単に作業できるわけです。

　たとえば、ホイールを押すと、マウスカーソルの移動速度を変更することも可能です。PowerPointで作図するときにはマウスを遅くして、じっくり作業することもできるわけです。

家族がテレビを見るなら 専用のスピーカーも検討を

家族がテレビを見ている音がうるさくて仕事に差し支える——そういう方も少なくありません。おうちで仕事をする際に、特に気になるポイントです。そこでおすすめしたいのが、**専用のスピーカー**です。

テレビの音をワイヤレスで飛ばし、専用のスピーカーで聴くわけです。テレビもイヤホンやヘッドホンをつなぐことはできますが、ケーブルが邪魔です。かといって、スマホのようにワイヤレスで使える製品は多くありません。

専用のスピーカーを利用すれば、ワイヤレスでテレビの音を飛ばせるのです。

シャープのアクオスサウンドパートナーは、首に掛けるネックスピーカーと呼ばれるカテゴリーの製品で、価格は1万円程度です。テレビにBluetoothのアダプターを接続すればOK。あとは、利用者が首に掛けたスピーカーから音が出ます。

イヤホンやヘッドホンよりも負担が少なく、耳を覆わずにテレビの音を聞くことができます。しかも、ある程度大きな音にしても、周囲にはほとんど聞こえません。長時間利用していると肩が凝ることがありますが、1〜2時間ならまず問題ないでしょう。

家族がテレビを見るのを邪魔することなく、静かな環境で仕事ができるわけです。そう考えると、1万円の出費も妥当でしょう。

アクオスサウンドパートナーは、テレビの音が飛ばせます。

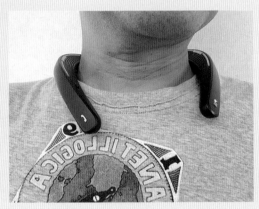

首に掛けて使うタイプのスピーカーです。

このレシーバーをテレビに接続します。

レシーバーをテレビに差し込んで、ヘッドホン端子にもつなげば準備完了です。

iPadは仕事にも大活躍
セカンドマシンとして使いこなそう

iPadはとても人気のあるデバイスで、所有している方も多いでしょう。Webページや動画を見るのにも役立ちますし、ゲームを楽しんでいる方も少なくないはずです。

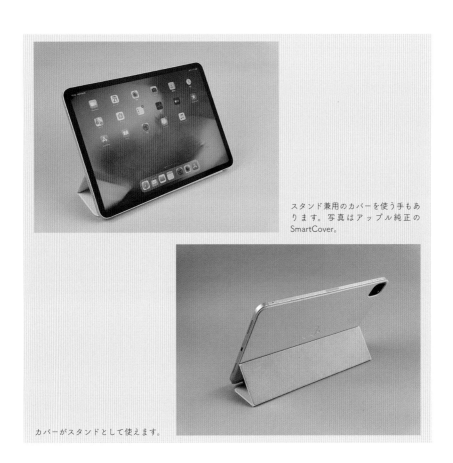

スタンド兼用のカバーを使う手もあります。写真はアップル純正のSmartCover。

カバーがスタンドとして使えます。

せっかく持っているなら、ホビーに使うだけではもったいない。おうちでの仕事にも役立ててはいかがでしょうか。

まず、一番簡単で役に立つのが**セカンドディスプレイとして使うこと**。その気になれば、アプリを入れてWindows PCやMacと接続し、2つ目のディスプレイとしても利用できます。しかし、そんな面倒なことをして、パソコンと接続する必要はありません。

iPad自体がさまざまなことができるので、そのまま使えばよいだけです。たとえば、メールやビジネスチャットの確認、スケジュールのチェック、

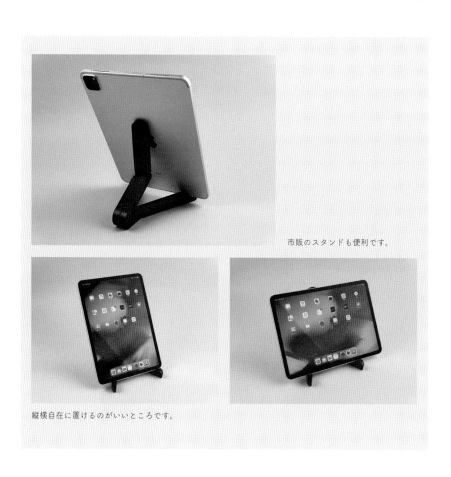

市販のスタンドも便利です。

縦横自在に置けるのがいいところです。

さまざまなタブレット用スタンドが販売されているので好みで選んでください。

Webを開いて参考資料として閲覧するなど……。作業の一部をiPadに任せることによって、パソコンで開くウィンドウが少なくなって快適に作業できます。つまり、一覧性が向上するのです。また、パソコンは、開いているプログラムが少ないほど動作が快適です。iPadを組み合わせることで、パソコンもサクサク利用できるわけです。

　こんな使い方をするならスタンドがあるとベターです。100均で安価なスタンドを手に入れてもいいですし、スタンドを兼用するカバーを付けるのもおすすめです。なお、スマホの活用方法は後述します。

画面が狭いと思うのは間違い

　iPadの画面が狭いと思うのは、ある意味その通りです。しかし、工夫して使うことで、現実的なサイズよりも大きく使えます。

　たとえば、A4の書類を閲覧するとしましょう。ビジネスの書類は、A4の縦が一般的です。パソコンでA4縦表示をしようとするととても小さくなってしまいます。

iPadを縦にすると画面を広く使っ
て書類を閲覧できます。

　ところが、iPadなら本体を縦にすれば画面に無駄なスペースが表示されず
に利用できます。もちろん、PDF、WordやExcelも利用可能なので、iPadで
書類を閲覧しながら、パソコンで作業するのもおすすめです。

　なお、iPadでMicrosoft Officeを利用するには、Microsoft 365に加入して
いるのがベストです。非加入でも書類の閲覧は可能ですが、編集はタブレッ
トの画面サイズによって制約があります。

外付けHDDがあると
安心して作業できる

　おうちで仕事をするなら、ファイルは**クラウドストレージに保存するべき**です。OneDrive、GoogleDrive、Dropboxなどがクラウドストレージです。そうすることで、万一パソコンの故障などが発生しても、ファイルの損失が最低限で収まります。

　また、会社で急にファイルが必要になっても、慌てる必要はありません。ログインしてダウンロードすればよいだけです。

　とはいえ、企業によってはクラウドストレージの利用が禁止されているケースがあります。余談ですが、クラウドストレージを使えない主な理由はセキュリティ対策ですが、生産性を落としてセキュリティを担保するのは最悪です。一刻も早く使えるように会社に働きかけましょう。今や、スマホでも仕事のファイルを開いて閲覧やメールで添付送信できる時代です。

　クラウドストレージが使えないなら、**外付けのHDDやSSD**があると便利です。クラウドストレージが使えるとしても、大きな容量のファイルを利用するなら、やはり外付けのストレージが重宝します。

ファイルサイズが大きくても安心

　たとえば、プレゼンのスライドに動画を貼り付けると、あっという間にファイルサイズが大きくなります。クラウドストレージへの同期には時間が掛かります。また、自宅のインターネット回線が遅い場合にも、クラウドストレージを利用するのは荷が重いでしょう。

据え置きタイプのHDDは、手ごろな価格が魅力。4TBで1万円以下の製品もあります。

持ち歩けるポータブルタイプのHDDは気軽に使えます。1TBで1万円以下の製品も見つかります。

書き込みが高速なモバイルタイプのSSDは、HDDよりやや割高。1TBで1万円台半ばです。

外付けのストレージは価格がどんどん安くなっています。1台購入しておけば、バックアップに利用したり、会社にファイルを持っていく際に重宝します。

おうち用の充電器や
バッテリーを用意する

　おうちでの仕事が多くなると、モバイルノートを、自宅と会社の両方で使うことが増えます。たとえば、会社には週に1〜2回出社し、あとは、自宅勤務というケースも多いでしょう。そんなときには、もちろん、パソコンを会社に持っていくことになります。

　同時にACアダプター（充電器）も持ち歩くのが普通ですが、荷物として重くて邪魔になります。また、うっかり忘れるとパソコンが使えなくて困ってしまいます。

　在宅勤務の人が、会社にACアダプターを置き忘れて取りに戻った——という話を、とてもよく耳にします。

　そこでおすすめしたいのが、**自宅用と会社用の充電器を別々に用意すること**です。たとえば会社にはパソコンに付いてきた充電器を置きっぱなしにし、自宅には自宅用の充電器を別に購入するのです。最近のパソコンは、USB PDに対応している製品が増えています。市販の安価でコンパクトなUSB PD対応充電器が利用できるのです。

充電器の選び方

　市販の充電器を選ぶ際には、**パソコンの求める出力と合っているか上回っているの**が基本的な条件になります。パソコンに付いてきた充電器に「65W」と書いてあるなら、それ以上の出力の充電器を買うのがおすすめです。

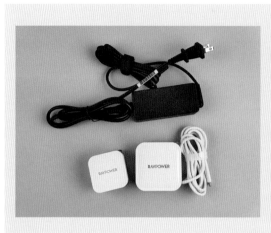

上は ThinkPad の純正の AC アダプターで45Wです。下は左が60W、右が90Wの充電器でとてもコンパクトです。

　ただし、少しくらいなら出力が足りなくてもほぼ問題なく使えるケースもあります。たとえば、パソコンの充電器が65Wの場合、60Wの市販の充電器でもほぼ問題なく使えるでしょう。

　本当に使えるかどうかは、メーカーの対応を確認したほうが無難です。出力的に本来なら使えるはずの充電器が、利用できない場合もあります。市販の充電器は、出力やサイズで価格が変わりますが、2,000 〜 6,000円程度で買えます。出力が大きく、サイズが小さいほど高くなります。90Wの充電器は5,000 〜 6,000円程度です。

　パソコンに付いてきた純正の充電器よりコンパクトで使いやすいのが最大のメリットです。

　ただし、市販の充電器は、ケーブルが別売になっていることがあるので購入時には確認をしてください。

バッテリーも用意する

おうちで仕事をする際には、**モバイルバッテリーも用意しておく**とよいでしょう。モバイルバッテリーがあれば、スマホやパソコンを持ち出して仕事をする際に電池切れが怖くありません。

パソコンも、前述のようにUSB PD対応の製品ならバッテリーからも充電可能です。こちらも、ワット数や対応の確認をする必要がありますが、持っていると大変安心です。なお、パソコンの充電器が45Wの出力なら、バッテリーも45W以上の出力ができるタイプを選ぶのがベストです。ただし、高出力のバッテリーは価格が高くなります。

バッテリーの出力が弱くても、パソコンの電源を落としている場合には、ややゆっくりになりますが、充電できる可能性があります。

選ぶのが難しいので、パソコン用バッテリーのメーカーに、自分の持っているパソコンが充電できることを確認して購入するのがおすすめです。

なお、パソコン用のモバイルバッテリーがあれば、スマホにも充電できま

上は60W、下は100Wの出力のモバイルバッテリーです。出力が大きく容量の大きなモバイルバッテリーは、高価で重くなります。

す。

　万一の災害の際にも、スマホやパソコンにバッテリーから充電できると、とても安心です。停電は局地的に起こるケースが多く、相手からは停電していることがわからないケースもあります。

　家にパソコン用のモバイルバッテリーがあれば、家族全員のスマホにも充電ができます。

　60W出力で容量20,000mAhのモバイルバッテリーなら、5,000 〜 6,000円程度。100Wで20,000mAhを超えるモバイルバッテリーは１〜２万円程度します。

スマートディスプレイを活用
情報がサクサク取れる

　スマートスピーカーをご存じでしょうか。テレビのコマーシャルなどでおなじみの、声で情報を教えてくれるスピーカーです。「アレクサ、今日の天気を教えて」などと話しかければ、「晴れのち曇りで、気温は……」と答えてくれます。

　このスマートスピーカーに画面が付いたのが**スマートディスプレイ**です。会社では、声を出すスピーカーは使いづらいものですが、おうちで仕事をする際にはとても役立ちます。

　スマートディスプレイは、声に加えて画面でも情報を提示してくれます。普段は置き時計として利用できますが、ニュースも随時表示されるので、最新の情報を逃しません。

　出掛ける際には天気を聞けば、すぐさま表示してくれます。時間ごとの温度なども把握可能です。

スマートスピーカーとスマートディスプレイ。画面が付いているのが、スマートディスプレイです。

スマートディスプレイがとても便利

　スマートスピーカーは、話しかけるだけでタイマーを設定可能です。たとえば、顧客に電話を掛けて、「1時間後に戻ります」と言われたとしましょう。そんなときには、スマートスピーカーに「1時間のタイマーを掛けて」と話しかければOK。1時間ごとにアラートが鳴るので、電話を掛けることを忘れなくなります。スケジュールも教えてくれますし、必要なら乗換案内もしてくれるのです。

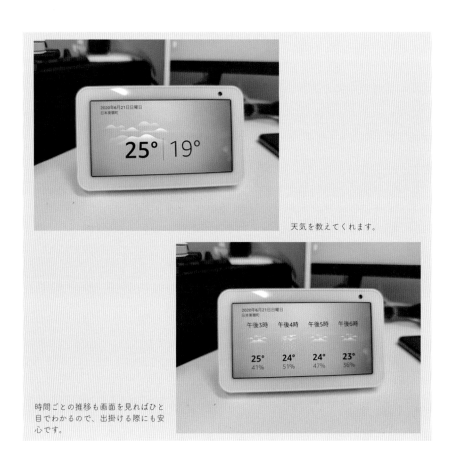

天気を教えてくれます。

時間ごとの推移も画面を見ればひと目でわかるので、出掛ける際にも安心です。

東京 - 池袋

◆東京[2番線発] 14:59
|東京メトロ丸ノ内線
◆池袋 15:16

合計運賃: 200円
所要時間: 約17分
※一本後の乗換案内は「アレクサ、ヤフ

乗換経路も話しかければ調べられます。

タイマー

3分

1　00　02　48
時間　分　秒

タイマーをセットすると、うっかり
忘れも防止できます。

書類はスキャンして捨てる
もう捜す必要はない

　メールやビジネスチャットなどのコミュニケーションが当たり前になりましたが、まだまだ紙の書類を受け取ることが多いでしょう。見積書や発注書などの重要書類だけでなく、カタログやパンフレット、ちょっとした案内状なども紙でもらうことがあります。

　会社では、紙の資料も適切に管理できていたことでしょう。何より、置き場所がありますし、ファイリングもできます。

　ところが、おうちで仕事を始めると、とにかく場所がありません。紙の書類を置いておく場所もなく、適当に管理していると家族が間違って捨てることもあります。

　あるはずの書類が見当たらず、捜しているのは大変な時間の無駄です。おうちでの仕事では、**書類はスキャンして保存し捨ててしまいましょう**。もちろん、請求書や納品書などは会社に持っていきます。紙の書類は、自宅には1枚も置かないというポリシーがベストです。そもそも紙の書類を置いていなければ、なくすこともなく、捜す必要もありません。

　データ化した書類は、クラウドストレージに保存します。すると、パソコンやスマホから簡単に閲覧できるので、いつでもどこでも確認可能というわけです。

　出先で急にパンフレットが見たくなっても大丈夫です。

書類をスキャンする

　書類のスキャンは、スマホのアプリを使うこともできます。まずは、お試しで作業してみるといいでしょう。データ化できる便利さが実感できるはずです。スキャンした書類はPDFやJPEGなどのファイルでクラウドストレージに保存すればOKです。

　ここでは、Microsoftの**OfficeLens**というアプリの使い方を紹介します。コツは、書類を撮影する際に、コントラストのはっきりした場所に置くことです。白い紙の書類なら、濃い色のテーブルの上などに置くとよいでしょう。

OfficeLensは、iPhone、Androidスマートフォンの両方で使えます。起動したら、書類を撮影します。

輪郭で自動的に切り取って美しく保存してくれます。

OneDriveなどのクラウドストレージに保存します。

名刺も同様に撮影します。

こちらも、きれいに切り取って保存してくれます。

OneNote に直接保存できます。

OneNote では自動的に住所録になります。

ドキュメントスキャナーを使う

スキャンアプリはとても便利ですが、使い慣れると1枚1枚読み取るのが面倒に感じるでしょう。

そんなときには、**ドキュメントスキャナー**を買うのがおすすめです。富士通のScanSnap iX100なら、2万円台前半と手ごろな価格です。とてもコンパクトでバッテリー駆動するので、使わないときには引き出しなどにしまっ

ScanSnap iX100は、コンパクトなドキュメントスキャナーで、使わないときには引き出しなどにしまえます。

使う際にはトレーを開けるとスイッチが入ります。

書類をスキャンするときれいにデータ化できます。

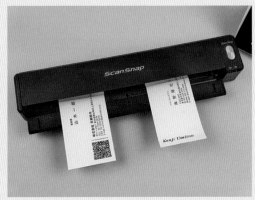

名刺は2枚同時に読み取れます。

2枚合わせて読み取った名刺も、分割して1枚ずつデータ化してくれます。

ておけます。

　パソコンと組み合わせる必要はなく、iPhoneなどのスマホ、iPadと組み合わせて利用することもできます。

　iPadにデータを保存しておけば、いつでも気軽に持ち出せて、大量の書類も閲覧できるわけです。書類をめくったり読み進めたりする作業も、指でサクサク操作できるので手間が掛かりません。もちろん、クラウドストレージに保存しておけば、あらゆるデバイスで書類を閲覧できます。

CHAPTER

8

スマホやiPadも
活用しよう

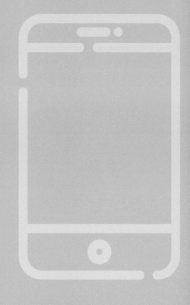

おうちの仕事に
スマホも活用しよう

　誰もが使っているスマホも、実は仕事にとても役立ちます。出先で使えるのはもちろんですが、自宅でも使いこなすとかなり便利です。

　スマホでもMicrosoft Officeを使えることをご存じでしょうか。マイクロソフトがスマホ向けのMicrosoft Officeをリリースしています。パソコン向けとは機能が多少違いますが、ファイルの閲覧は問題なくできます。

　実際に使ってみると、画面が狭いのが難点ですが、情報を見ることはできます。パソコンを使っていないときにメールやビジネスチャットで送られてきた書類を素早く開けます。

　外出先でパソコンを持っていないときにもファイルを開けるのが便利です。

Microsoft Officeをインストールします。

Excel や Word でファイルが完成したら保存します。

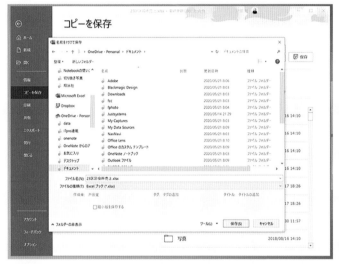

保存先に OneDrive 上のフォルダを選択します。

OneDriveに保存する

　スマホ版のMicrosoft Officeを使うには、**ファイルをOneDriveに保存して
いるのが前提**になります。OneDriveはマイクロソフトのオンラインストレ
ージで、Windows 10に標準で付属しています。Windows 10を使う際に、ほ

パソコンと同じマイクロソフトのアカウントでログ
インすると、最近使ったファイルが表示されます。
ここに先ほど保存したファイルがあります。

最近使っていないファイルを開きたいときには、画
面上のフォルダのマークをタップします。すると、
OneDrive上に保存したファイルを一覧できます。
操作は、パソコンと同様です。

とんどの方がマイクロソフトのアカウントを作り、OneDriveを使える状態
になっています。Windows上のOneDriveのフォルダにMicrosoft Officeのフ
ァイルを保存すれば準備はOKです。

　スマホでは、Microsoft Officeのスマホ用アプリをインストールします。

パソコンでOneDriveに保存したファイルが開きました。

スマホ上でも関数などを利用できます。

ExcelやWordなどのアプリも単体でリリースされていますが、それぞれを別々にインストールし、さらに、OneDriveのアプリをインストールするのは面倒です。最近登場したその名も「**Microsoft Office**」**アプリ**をインストールすれば、Excel、Word、PowerPointなどが1本で利用可能です。OneDriveも使えるので、とても快適です。インストール後にパソコンと同じマイクロソフトのアカウントでログインします。

ブラウザーも
パソコンと組み合わせる

　パソコンとスマホで、同じようにブラウザーを使えるととても便利です。いくつかの組み合わせがありますが、最も簡単なのは、Googleのブラウザー「**Chrome**」を使う方法です。

　パソコンとスマホにChromeをインストールします。なお、Androidスマートフォンには、標準でインストールされています。

　パソコンとスマホでは、同じGoogleのアカウントでログインします。これで、パソコンのブラウザーと同じように利用できるのです。

　まず、ブックマークを共通で使う方法を紹介します。

Webページを送れる

　ブックマークに登録しなくても、今パソコンで開いているWebページを

パソコンのChromeで「モバイルのブックマーク」に保存するとわかりやすい。

スマホの Chrome でブックマークを開きます。

モバイルのブックマークに、パソコンで保存したリンクが表示されます。

スマホで開いたり、その逆もできます。画面の狭いノートパソコンでも、スマホとうまく使い分けて活用することで、生産性が大きく向上します。

この操作は、出先でももちろん可能です。僕はカフェなどで作業する際には、スマホで必要なWebページを探し、見つかったらパソコンに転送して開く操作をよく行います。また、移動中にスマホで見ていたWebページを

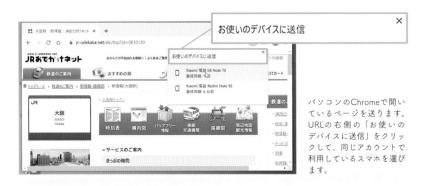

パソコンのChromeで開いているページを送ります。URLの右側の「お使いのデバイスに送信」をクリックして、同じアカウントで利用しているスマホを選びます。

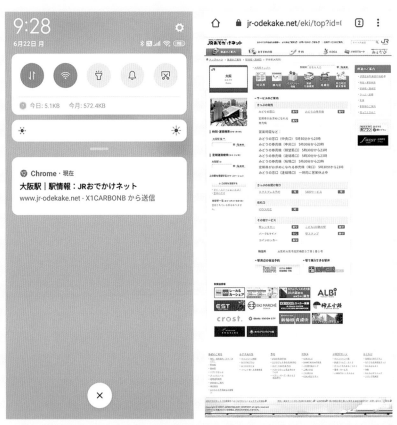

スマホでは通知に表示されるのでタップします。

パソコンで開いているページが表示されました。

スマホで開いているページをパソコンに送るには、Chromeのメニューを開いて「共有」をタップします。

「お使いのデバイスに送信」をタップします。

おうちに帰ったらパソコンで開く際にも、いちいち再度検索などをする必要がありません。

なお、スマホ、パソコンともに通知をオンにしていないと、この機能は利用できません。

送信先

| 📱 | X1CARBONB
最終同期: 今日 |
| 📱 | Xiaomi 電話
最終同期: 6 日前 |

同じアカウントで利用しているパ
ソコンが表示されるのでタップし
ます。

パソコンでも、通知が表示されるの
で「Yahoo」と書いてあるあたりを
クリックします。

パソコンでもスマホのページが開き
ました。

スマホとパソコンの
連携でより便利に

Androidスマートフォンを使っている方には、Windows 10の便利な標準
機能があるので紹介しましょう。Windows 10には、「**スマホ同期**」という標

Windows 10の設定から「電話」をクリックします。

この画面でAndroidスマートフォンを選びます。iPhone
も利用可能ですが機能がかなり限られます。以降画面の
手順に従って進めていきます。

Androidスマートフォンには、「スマホ同期
管理」アプリをインストールします。

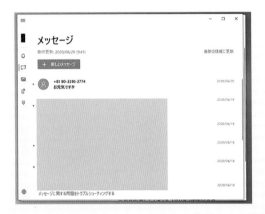

パソコンと連携できました。左のメニューから機能を選びます。この画面はパソコンでスマホのSMSを表示しています。

スマホの写真を開けます。最大2,000枚まで一覧表示できます。

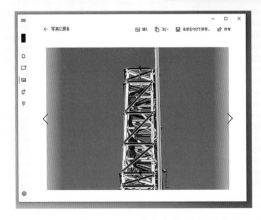

クリックして写真を拡大し、そのままパソコンに保存することもできます。

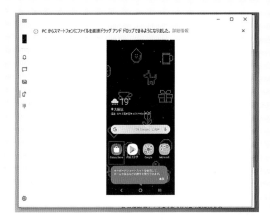

サムスン製のスマホの対応モデルで
は、スマホの画面をパソコンに表示
できます。

パソコンのファイルをドラッグアン
ドドロップすれば、スマホに転送可
能です。

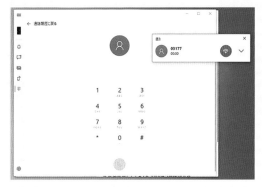

パソコンからスマホの回線で電話を
掛けられます。パソコンのマイクと
スピーカーを使うので、画面を操作
しながらの通話に役立ちます。

準機能が搭載されているのです。当初はあまり使えない機能だったのですが、どんどん進化してとても便利になりました。

　この機能では、1台のパソコンと1台のスマホを連携するのが基本です。パソコンでスマホの通知を見たり、SMSの送受信ができます。また、スマホの写真を手軽に保存したり、パソコンを使って通話ができます。

　サムスン製のスマホでは特に多くの機能が使えるようになっています。スマホの画面をパソコンに表示してそのまま操作できます。また、パソコンに保存されているMicrosoft Officeなどのファイルをスマホに転送することも可能です。

　自宅では、パソコンメインで作業することが多いでしょう。そんなときでも、キーボードから手を離すことなくスマホが活用できるわけです。

スマホをスマートスピーカーのように使う

141ページで説明した、スマートスピーカーはとても便利です。しかし、持っていなくてもスマホが同じように機能します。

Amazonのアレクサ（Alexa）アプリをインストールすれば、声で天気を聞いたり、タイマーのセットなどもできます。

そもそも、iPhoneのSiri、AndroidスマートフォンのOK Googleを利用してもいいのです。スマホをスタンドなどに立てておき、「OKグーグル、3分間のタイマーをセットして」とか、「ヘイSiri、3分間のタイマーをセットして」と話しかければ、設定できます。

スマホは手で操作するのが基本ですが、パソコンで作業をしているときには、手を離さずに

Amazon Alexaアプリをインストールすると、スマホをスマートスピーカーのように使えます。

話しかければ天気などもわかりやすく表示してくれます。スマホをスタンドに立てて活用しましょう。

「OKグーグル」と呼びかけてもタイマーなどを利用可能です。

スマホを利用できると便利です。

　意外に使われていない音声サービスもうまく活用すると仕事の効率が上がります。会社では周囲の迷惑になるので、音声サービスは使いづらいものです。しかし、おうちで仕事をするなら周囲に迷惑を掛けることはないので、どんどん使っていきましょう。

iPhoneではSiriを使えばよいです。おうちでは積極的に使っていきましょう。

タイマーを、わかりやすく知らせてくれます。もちろん、音も鳴ります。

CHAPTER

9

これだけやれば安心！
セキュリティ対策

しっかりとセキュリティ対策を
アプリを入れるのは当然

　おうちの仕事でパソコンを使う際には、**セキュリティ対策**が気になります。会社で利用の条件などが定められている場合には、その通りにしましょう。これは僕がいうまでもありませんが、「重くなるからウイルス対策はオフにする」といったことは絶対にしてはいけません。万一のトラブルの際

Windows 10の設定で「更新とセキュリティ」をクリックします。

「Windows セキュリティ」を開きます。

アイコンに緑のチェックが付いていればOKです。何もチェックのないアイコンも問題はありません。

に、あなたの責任になります。

　個人の責任でパソコンを用意して仕事に使う場合や、小さな会社でセキュリティのポリシーが定められていないケースもあるでしょう。

　その場合には、まずWindowsの標準セキュリティ機能である**「Windowsセキュリティ」を必ず有効にしておきます。**基本的には、Windows 10を利用していれば有効になっているはずなので、まずは確認しておきましょう。

市販のセキュリティ対策ソフトを使う

　Windowsの標準機能以外にも、**市販のセキュリティ対策ソフト**が多数販売されています。これらは利用したほうがいいのでしょうか。結論からいえば、導入をおすすめします。Windowsの純正セキュリティ機能を超えた対策が可能になっているので、より安心なのです。玄関の鍵を1つ多めに付けるようなイメージです。

　最近は費用も下がってきており、1年間で5,000円も掛からない製品がほとんどです。

　もちろん、追加で導入したとしても、100％完璧に対策できるわけではあ

市販のウイルス対策ソフトは、できるだけ入れることを推奨します。

りません。しかし、導入しないよりは安全性が高まります。かつ、数千円の費用なら見合うと考えるわけです。

　特に、おうちで仕事をする際に、パソコンを兼用利用し、自分個人の用途にも使うならぜひインストールしておきましょう。マカフィー、シマンテック、トレンドマイクロなど、有名メーカーの製品がおすすめです。

Windowsのアップデートに注意

　また、Windowsはなるべく新しいバージョンで利用したほうが安心です。仕事中にアップデートが始まると作業が止まってしまいます。アップデートでは、ダウンロードを終えたあとに再起動するケースが多くなります。再起動時はもちろん仕事ができません。急ぎの作業中に再起動されるのは困ります。

　そこで、Windowsを再起動するのは「**アクティブ時間外**」に設定しておくと、仕事中に再起動することがなくなります。とはいえ、残業していると再起動してしまう可能性もあります。少なくとも週に1〜2度は自分でアップ

アクティブ時間を変更すると、仕事中に再起動することはなくなります。

デートを確認し、再起動するようにしておきましょう。

20 〜 30分の休憩中にダウンロードと再起動をすればよいだけです。

ファイルをクラウドに置くと安心

僕は、原稿を書いたり動画を作ったりするなど、コンテンツを作成するのが仕事です。これらのデータを失うことは、仕事をした意味がまったくなくなります。そこで、バックアップにはとても気を使っています。

もう30年ほど仕事をしていますが、バックアップの様子もずいぶん変わってきました。おすすめなのは、**クラウドストレージへのファイル保存**です。

クラウドストレージにファイルを保存すれば、データはまず失われることがありません。クラウドストレージが登場して10年以上経ちますが、データが消えたという例は、ほとんど聞いたことがありません。

しかも、手元のパソコンのHDDやSSDとクラウドストレージに二重化してあれば、どちらかが消えても問題はありません。

クラウドストレージにバックアップする仕組み

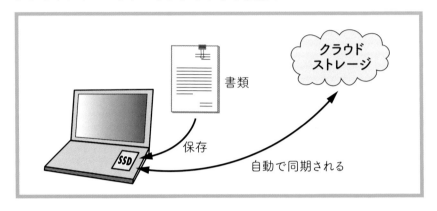

　普段の作業はパソコンにファイルを保存するだけです。自動的にクラウド
ストレージとパソコンのSSDが同期され、ファイルが二重化されます。

　クラウドストレージを使っていれば、パソコンを買い換えた際にも、いち
いちデータを転送する必要がないのです。新しいパソコンもクラウドストレ
ージに接続すれば利用可能です。

　また、おうちで作業した書類を会社に持参するのを忘れたときにも、クラ
ウドストレージにアクセスすればOKです。

　ただし、外部にデータを保存することになります。そもそも、会社がクラ
ウドストレージの利用を許可していなければ、仕事のファイルは保存できま
せん。また、利用を推奨していたり、会社で契約しているサービスがあれば
それを使いましょう。

　自由に利用できるなら、おすすめなのはマイクロソフトの「**OneDrive**」
です。Microsoft Officeとの親和性がよいので、とても気軽に使えます。

　Microsoft Officeを起動すると、「最近使ったファイル」が表示されます。
OneDriveに保存していると、どのパソコンからも同じファイルが表示され
ます。そもそも、OneDriveはWindows 10の標準ツールとして、利用できる

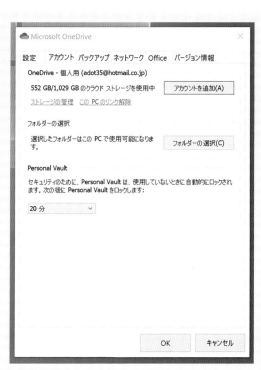

OneDrive では、契約の種類によって保存できる容量が異なります。画面は1TBの契約です。

ファイルを同期するフォルダを指定できます。つまり、指定したフォルダを自動でバックアップできるのです。

ように組み込まれています。無料利用では、5GBまで利用可能です。「Microsoft 365 Personal」(年間1万2,984円)などに加入していると、1TB利用できます。また、月額224円で100GB増やせます。

外付けHDD、SSDを活用しよう

クラウドストレージの利用が会社で許可されていないなら、**外付けHDD**や**SSD**にバックアップを取ります。SSDは高速にファイルが書き込めますが、容量当たりの単価が高いので、バックアップ用ならHDDがお得です。

おすすめは、小さなポータブルタイプで、大きさはスマホより一回り大きな程度です。このサイズの持ち歩けるHDDでも、2TBで1万円以下で購入できます。ファイルを失うことを考えればとても手ごろでしょう。

ポータブルタイプなら、簡単に会社に持ち出せます。また、ノートパソコンと組み合わせて使うのも軽快です。

バックアップのためのツールは、それぞれのHDDに付いてくるのが一般

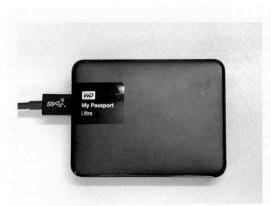

ポータブルタイプの外付けHDD。コンパクトなので会社に持っていけます。

右の2台がネットワーク接続のHDD。

的なのでそれを利用しましょう。逆にいうなら、HDDを選択する際には、バックアップの仕組みが付いている製品を選ぶべきです。

　NAS（Network Attachd Storage）と呼ばれるのが、ネットワーク接続のHDDです。複数のパソコンを使っているケースでも、どれからでもファイルを保存できるのでバックアップに重宝します。

　一時はとても人気がありましたが、最近はやや凋落傾向です。そもそも、ネットワーク接続なので書き込みが遅いのがネックです。さらに、ネットワークで接続するならクラウドストレージのほうが便利なのです。また、USB接続のHDDより高価になります。

　メリット・デメリットを把握して利用するなら便利で僕も使っています。これから購入して手軽に使いたいなら、USB接続タイプを推奨します。

プライバシーフィルターを活用する

プライバシーフィルターをご存じでしょうか。パソコンやスマホ、タブレットなどの表面に貼り付けると、のぞき込まれなくなるツールです。

いわゆる下敷きのような板を画面に取り付けるようになっています。偏光グラスのように角度が変わると画像が見えなくなるわけです。

外出先で仕事をするときには、周囲からのぞき込まれないように必ず装着しましょう。

おうちでの仕事なら不要だ——と思うかもしれませんが、実はそうでもあ

3Mのプライバシーフィルターは機種に合わせた製品がリリースされています。

プライバシーフィルターを付けた状態だと、横からは真っ暗で見えなくなります。

プライバシーフィルターを上に上げると、画像が見えるようになります。フィルターの取り付け方にも注目してください。

りません。海外の例ですが、製品の開発者が自宅で機密の画像を開いているのを家族が目にしてSNSにアップしてしまったケースがあります。こんな場合でも、責任は問われる可能性が大きいのです。

　自宅で仕事をするということは、家族を含めた機密保持にも責任を取らなければなりません。対策をしっかりしておくのが安心です。

　プライバシーフィルターは、いろいろな製品が販売されていますが、どれも横から見るとのぞき込めないようになっています。選択の際に重要なの

は、実は、正面からよく見えることです。つまり、プライバシーフィルター
を付けたばかりにパソコンの画面がよく見えなくなってしまっては意味がな
いのです。

　僕は3M製のフィルターを利用しています。価格はサイズやモデルによっ
て異なりますが、8,000円程度です。

　また、3Mのフィルターはパソコンへの取り付け方法にも工夫がされてお
り、必要がないときには、簡単にめくり上げてフィルターがない状態で作業
できます。

Microsoft Officeの書類にも
パスワードを設定しよう

　メールで見積書や製品の情報などを送る際には、**パスワードを掛ける**ことをおすすめします。他の人に見られるからというより、誤送信の対策として役立つわけです。

　メールの誤送信は必ず起こると考えたほうがよいでしょう。単純に同じ名字の人に間違えて送るケースがあります。また、返信で書類を送ると、本来は送るべきではない人が、CCに入っているのに見落としてしまうケースが

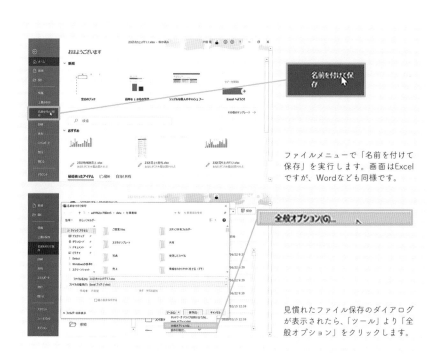

ファイルメニューで「名前を付けて保存」を実行します。画面はExcelですが、Wordなども同様です。

見慣れたファイル保存のダイアログが表示されたら、「ツール」より「全般オプション」をクリックします。

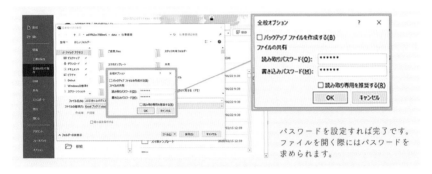

パスワードを設定すれば完了です。ファイルを開く際にはパスワードを求められます。

あるのです。そこで、重要な書類はパスワードを掛けて送るわけです。こうすれば、間違って送信しても、内容を見られる可能性はかなり減ります。もちろん、パスワードは別のメールで送ることでリスクを減らせます。

とはいえ、パスワードを同じ送り方で送信すると、ミスをする可能性があるので注意してください。

パスワードより安全な共有

ファイルを添付で送る際にミスが生じても、送ったメールは止められません。その点、ファイルを共有しておけば、ミスが発生した時点で共有を止めることができます。

今回は、OneDriveでの共有方法を紹介します。OneDrive上にファイルを保存し共有することで、相手はファイルをダウンロードして開くことができます。この際には、相手を指定して特定の人しかダウンロードできないようにしたり、パスワードを掛けたりすることも可能です。

さらに、もしミスがあった場合には、元のファイルをOneDrive上で移動してしまえば、ファイルをダウンロードできなくなります。

今回は方法を紹介しませんが、ブラウザーでOneDriveを開いて、「共有」メニューから該当するファイルを捜して共有を停止することも可能です。

相手がダウンロードしてしまえば利用は止められませんが、添付でファイルを送るよりも安全性は高いわけです。

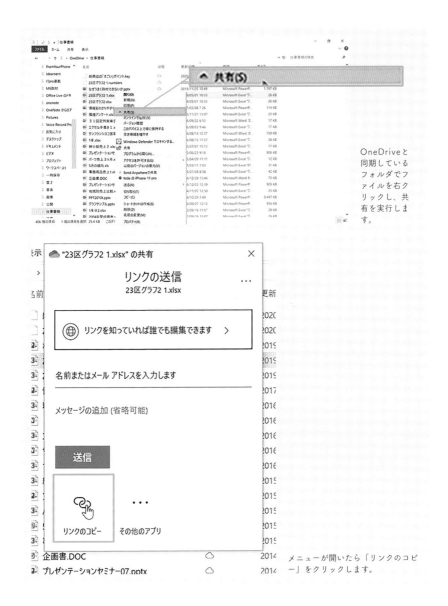

OneDriveと同期しているフォルダでファイルを右クリックし、共有を実行します。

メニューが開いたら「リンクのコピー」をクリックします。

183

このリンクをコピーしてメールで送れば相手はダウンロードできるわけです。下の「リンクを知っていれば誰でも編集できます」をクリックすると次の画面になります。

この画面では、編集できずにファイルを見るだけにしたり、ダウンロードの有効期限やパスワードの設定が可能です。

CHAPTER

10

意外と盲点！
印刷はどうする？

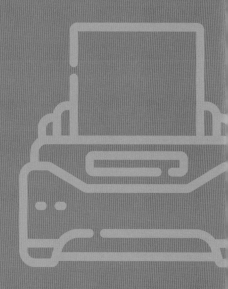

PDFでファイルを渡せば改変を防げる

　本章では印刷を中心に説明します。とはいえ、印刷の機会は徐々に減ってきています。おうちで仕事をする際にも、**まずは印刷をしないことを前提に仕事を進めていくべき**です。

　最近は、プリンターが高性能化しているので、印刷の手間も減っており、さほど時間も掛かりません。ところが、紙を用意すると、郵送したり渡したりする手間が生じます。たとえば、打ち合わせで資料が必要だとしても、あらかじめファイルで送っておくことで、相手は事前に確認して検討できるわけです。

　ということで、まずは印刷しない書類の渡し方を紹介します。PDFファイルにすることで、相手がアプリを使っていなくても開くことが可能です。最近は、スマホでも閲覧できます。また、PDFファイルは改変を防げるので、使い回しをされることもありません。

　PDFファイルは、Microsoft Officeから簡単に作成できます。

　もちろん、はじめてお会いする相手や商談の都合で印刷が必要な場合もあるでしょう。具体的な印刷については、次節以降で説明していきます。

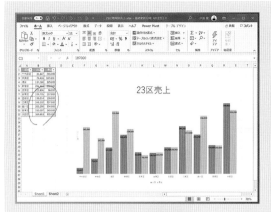

この Excel のファイルを PDF 形式で保存します。Word や PowerPoint でも手順は同じです。

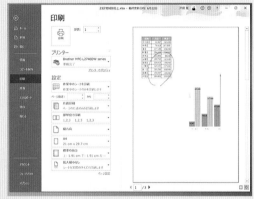

単にそのまま PDF 形式で保存すると、ページがはみ出してしまいます。PDF ファイルへの保存は、印刷に近いのです。

まず、印刷プレビューで用紙を横にして、紙にきちんと収まるようにします。設定は A4 用紙で OK です。

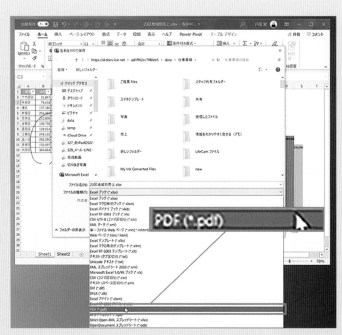

ファイルの保存形式でPDFを選びます。

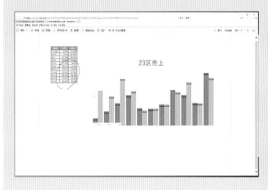

PDF形式のファイルで保存できました。これをメールに添付して送信すればOKです。

おうちに用意するなら
小型プリンターがおすすめ

　プリンターは、とても安価に購入できます。置き場所があるなら、1〜
2万円程度で購入できる、家庭用のプリンターか、スモールオフィス向けの
コンパクトな機種を選べばよいでしょう。

　とはいえ、プリンターを設置するのはかなり場所を取ります。印刷の際に

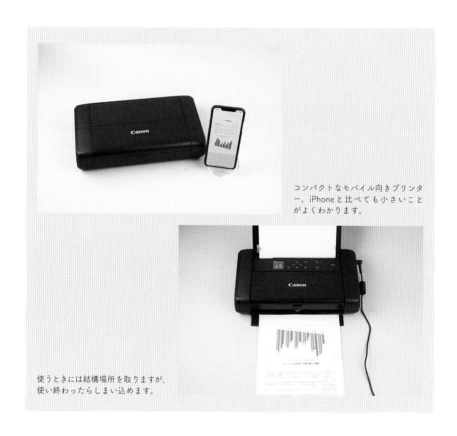

コンパクトなモバイル向きプリンタ
ー。iPhoneと比べても小さいこと
がよくわかります。

使うときには結構場所を取りますが、
使い終わったらしまい込めます。

は、紙が出てくるエリアもあるので、小さな机が一杯になってしまいます。

　置き場所がないなら、**コンパクトなモバイル用プリンター**がおすすめです。たとえば、キヤノンのTR-153は2万7,500円と少々高価ですが、モバイル向きなのでコンパクトで軽量。使わないときには、棚やタンスなどに簡単にしまっておけます。

　印刷はA4用紙に対応するので、仕事に使う書類はほぼ問題なく出力できます。また、カラー印刷も可能で、印刷速度も高速です。ややインク代が高いのが難点ですが、そこは我慢するべきでしょう。

CHAPTER 10

スマホから印刷
パソコンを使うより簡単

　最新のプリンターは、多くがiPhoneやAndroidスマートフォンからも直接印刷ができます。メールで届いた書類を、そのままサッと印刷できて便利です。

　iPhoneを利用しているなら、プリンターを選ぶ際に「**AirPrint**」に対応している製品がおすすめです。iPhoneのさまざまなアプリから直接印刷が可能

iPhoneのWordでファイルを開きました。　　　　メニューから「印刷」をタップします。

AirPrint が利用できると簡単です。

対応しているプリンターを選びます。

あとは、部数とカラー／白黒の設定を変更して印刷するだけです。

です。なお、非対応のプリンターでも、iPhoneからの印刷に対応している製品もあり、その場合は独自のアプリから印刷することになり、ちょっと面倒です。

なお、Androidスマートフォンでは、「**Android Printing**」という規格に対応しているプリンターなら簡単に印刷できます。また、パソコン経由で印刷する「**Googleクラウドプリント**」という方法もあります。こちらは、Android Printing非対応のプリンターでも印刷可能です。

コンビニのプリンターも
積極的に利用しよう

家にプリンターが置けないなら、**コンビニで印刷する**のがおすすめです。

まず、netprintをインストールしておきます。

Excelのファイルを開いたら、メニューから「印刷」をタップします。

「別のアプリで開く」を選びます。

用紙の縦横、印刷するシートなどを設定し、「次へ」をクリックします。

今回はセブン-イレブンの「netprint」を例に紹介しますが、ローソンやファミリーマートでは「ネットワークプリント」が利用可能です。

　利用にあたっては、まずスマホに「netprint」アプリをインストールします。もちろん無料です。「かんたんnetprint」は、そのまま利用できますが、「netprint」を使うには会員登録が必要になります。

表示されるアプリのリストを右までスクロールして「その他」をタップします。

「netprintにコピー」を選択します。表示されないアプリでは印刷できません。

　少々ややこしいのですが、「かんたんnetprint」のファイルの保存期限が1日なのに対し、「netprint」は7日と少し違いがあります。どちらを使っても印刷結果などには変わりはありません。今すぐ印刷するなら、「かんたんnetprint」で十分です。出張前に印刷のデータを登録しておき、出先のセブン-イレブンで印刷したいなら、「netprint」を使うとよいでしょう。

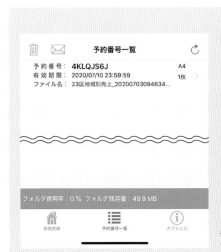

しばらく待っているとファイルが登録されて番号が表示されます。あとはこの番号をセブン-イレブンのプリンターに入力するだけです。

印刷は手軽にできる

　印刷の手順は一度覚えてしまえば簡単です。まず、スマホのアプリで印刷したいファイルを開きます。各アプリの送るメニューから「netprint」を選べばOKです。ただし、用紙の縦横などを設定したい場合には、印刷メニューから作業します。画面はExcelですが、印刷メニューから設定していきます。

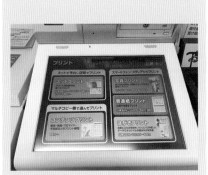

店頭でプリンターを探し、「ネットプリント」をタップして発行された番号を入力します。

おわりに

　30年程前から自分の会社で実施し、10年以上前から推奨してきたおうちでの仕事が、ようやく社会的に認知されました。

　これは、社会を変えるほど大きなターニングポイントになるはずです。数十年後には、産業革命に近い出来事として捉えられるかもしれません。

　従来は、会社といえば「出勤する」というイメージとイコールでした。しかし、今後は、出勤の割合がどんどん減っていきます。すると、私たちの「勤め方」も変わってくるでしょう。これまで以上に、フリーランスや請負で働く人が増えてくるはずです。

　数年後には、会社って何だろう——という議論になってもおかしくありません。一人で、2社3社の経理を受け持っていたり、複数の会社の製品を営業している人も増えてくるはずです。これまでは、2つの会社に出勤するのは無理がありました。できたとしても、曜日で分けるなどするのが現実的なので、仕事内容的には1つの会社に勤めている量と変わらなかったのです。

　ところが、通勤がなくなれば、2社、3社の仕事を受け持つことが可能になります。合計で2社分の仕事量は難しいとしても、1.5社程度の仕事量をこなすのは不可能ではありません。

　在宅勤務が上手な人は、早くからこんな恩恵にあずかることができ、収入も増えていくはずです。

　従来の働き方では、仕事ができる人の見極めは簡単ではありませんでした。ところが、在宅勤務で働いてみると、仕事ができる人がすぐにわかります。仕事ができる人になれば、周囲の人から頼られる存在になり、自分自身でも働くことが楽しくなるでしょう。がんばっておうちでの仕事が上手な人になれば、それはすぐにさまざまな人に伝わり、周囲から頼られる存在にな

れるのです。これまでは、仕事にあまり自信がなかった人にとっても、大きなチャンスです！

　通勤は、時間だけでなく体力や気力も奪います。暑い夏場は会社に着いた時点でうんざりしていることでしょう。真冬は自宅に帰るだけで冷え切っていることもあるはずです。仕事とは無関係なのに、非効率な通勤がなくなることを改めて考えてみると、素敵なことだとわかるでしょう。
　おうちでの仕事も、最初は、大変だと思うかもしれません。しかし、少しコツをつかめば通勤よりもはるかに効率的で、体への負担も少ないことが理解できるはずです。本書がそのお役に立てれば幸いです。

2020年9月吉日

　　　　　　　　　　　　　　　　　　　　　　　　　　　戸田　覚

戸田 覚（とだ・さとる）

1963年東京生まれ。ビジネス書作家。デジタル関連製品に造詣が深く、ビジネス誌やパソコン誌で多数の連載を持つ。プレゼン、成功する仕事術、新商品開発といったテーマで執筆や講演、コンサルも手掛ける。

著書に『"秒速"プレゼン術』（日経BP）、『ここで差がつく！仕事がデキる人の最速パソコン仕事術』（インプレス）、『新・あのヒット商品のナマ企画書が見たい！』（ダイヤモンド社）などがある。

装丁・本文デザイン　吉村 朋子
DTP　　　　　　　一企画

おうち仕事術

テレワークを最適化する50のテクニック

2020 年 10 月 19 日　初版第 1 刷発行

著者　　　　戸田 覚
発行人　　　佐々木 幹夫
発行所　　　株式会社 翔泳社（https://www.shoeisha.co.jp）
印刷　　　　公和印刷 株式会社
製本　　　　株式会社 国宝社

ISBN978-4-7981-6788-6　　　　　　　　　　　　　　　　　Printed in Japan